"十三五"职业教育国家规划教材

高职高专经管类专业精品教材系列

ITMC企业经营沙盘模拟实训教程

邓文博 姜 庆 主 编
游 帆 唐智鑫 邓 岸 曾 苑 副主编

清华大学出版社
北 京

内 容 简 介

本书是“十三五”职业教育国家规划教材。本教材根据编者多年从事企业经营沙盘教学和指导大赛的经验编写而成，分为基础篇、训练篇和实战篇，其中基础篇分为两个学习情境；训练篇分为六个训练情境，每个训练情境按照模拟企业经营的工作过程设计训练任务，每个训练任务包括知识目标、能力目标、任务引入、知识链接等内容。全书主要内容包括沙盘经营的基础知识、基本方法、经营策略、分析工具和经营手册。其中基本方法包括分析市场、制订生产计划和采购计划、进行财务预算和规划等；经营策略包括总体战略、广告策略、市场和产品开发策略、固定资产购置策略、融资策略等；分析工具包括竞争对手分析、产销平衡分析、盈亏平衡分析、成本效益分析等。学员在沙盘模拟训练中综合运用管理知识、分析工具和方法，能有效提升战略管理、市场营销、财务管理、生产运作、物流管理、市场信息收集与运用等技能，全面提高学员的综合素质。本教材配有微课堂学习资源，读者可以使用移动终端扫码观看学习。

本教材可作为高职高专、应用型本科教学用书，适用于参加沙盘比赛的各层次学生，也可供教师及企业参训人员参考使用。

图书在版编目(CIP)数据

ITMC企业经营沙盘模拟实训教程/邓文博，姜庆主编. —北京：清华大学出版社，2018(2021.12重印)
(高职高专经管类专业精品教材系列)
ISBN 978-7-302-50414-6

Ⅰ. ①I…　Ⅱ. ①邓…　②姜…　Ⅲ. ①企业经营管理－计算机管理系统－高等职业教育－教材
Ⅳ. ①F270.7

中国版本图书馆CIP数据核字(2018)第123027号

责任编辑：左卫霞
封面设计：傅瑞学
责任校对：刘　静
责任印制：刘海龙

出版发行：清华大学出版社
　　网　　址：http：//www.tup.com.cn，http：//www.wqbook.com
　　地　　址：北京清华大学学研大厦A座　　**邮　　编**：100084
　　社 总 机：010-62770175　　**邮　　购**：010-62786544
　　投稿与读者服务：010-62776969，c-service@tup.tsinghua.edu.cn
　　质量反馈：010-62772015，zhiliang@tup.tsinghua.edu.cn
　　课件下载：http：//www.tup.com.cn，010-83470410
印 装 者：三河市少明印务有限公司
经　　销：全国新华书店
开　　本：185mm×260mm　　**印　　张**：13　　**字　　数**：315千字
版　　次：2018年8月第1版　　**印　　次**：2021年12月第6次印刷
定　　价：49.00元

产品编号：076853-02

前 言

FOREWORD

《教育部关于深化职业教育教学改革　全面提高人才培养质量的若干意见》(教职成〔2015〕6号)指出:"公共基础课和专业课都要加强实践性教学,实践性教学课时原则上要占总课时数一半以上。"文件进一步确定了实践教学在高职教育中的核心地位。

从理论上说,提升学生实践能力的最好途径是让学生到企业相应的岗位实习。然而,由于担心实习生会影响正常工作秩序,或受企业岗位限制和保守商业机密的限制,多数企业不愿意为学生提供管理岗位进行实践,致使管理课程教学面临与企业脱节的困境。

为此,教育部《高等职业教育创新发展行动计划(2015—2018年)》(教职成〔2015〕9号)提出的"在现场实习安排困难或危险性高的专业领域,开发替代性虚拟仿真实训系统"。

ITMC企业经营管理电子沙盘是中教畅享(北京)科技有限公司研发的一款模拟企业经营实践的沙盘模拟对抗性教学系统,该教学系统集计算机模拟和物理沙盘模拟于一体,对提升学生的决策能力、分析解决问题的能力、团队协作精神及创新性思维能力等方面具有一定的作用。到2017年,以该套系统为平台,教育部高职高专工商管理类专业教学指导委员会等主办单位已成功举办了十届全国大学生企业经营管理沙盘模拟大赛,参赛的院校超过800所。本教材就是针对ITMC企业经营管理电子沙盘与物理沙盘系统而编写的。

本教材的总体设计思路是按照"工学结合"人才培养模式的要求,采用工作过程系统化课程的设计方法,按照企业经营沙盘模拟的工作过程循序渐进设计工作任务,每个工作任务贯穿基础知识和方法、经营策略和分析工具,注重学生技能和素质的培养。

本教材从沙盘的实际出发,通俗易懂,主要内容包括沙盘经营的基础知识、基本方法、经营策略、分析工具和八年的经营手册。其中基本方法包括分析市场、制订生产计划和采购计划、进行财务预算和规划等;经营策略包括总体战略、广告策略、市场和产品开发策略、固定资产购置策略、融资策略等;分析工具包括竞争对手分析、产销平衡分析、盈亏平衡分析、成本效益分析和财务分析等。

本教材充分利用ITMC电子沙盘系统,基础篇将沙盘基础知识、初始年经营和规则讲解融为一体。企业模拟经营分为两段:第一段是训练阶段,学员经营4~6年,教师在每一年循序渐进地讲解管理方法、经营策略和分析工具;第二段是实战经营阶段,学员运用第一阶段掌握的方法和策略经营模拟企业6~8年,教师进行适当的辅导和总结。

本教材是广东省教育科学规划课题"经管类跨专业实践教学模式的研究与探索——基

于多层次虚拟仿真训练提升学生综合能力”(课题编号:2017GGXJK064)的研究成果。主编由河源职业技术学院邓文博、姜庆担任,副主编由游帆、唐智鑫、邓岸、曾苑担任,参加编写的人员还有白迎超、吴春尚、朱跃飞、曾庆宁等。

由于我们在高职教育课程改革方面的经验有限,加上国内可以参考的同类教材较少,本教材存在缺点和不足之处在所难免,敬请广大读者批评指正。

编　者

2018 年 4 月

目　录

CONTENTS

基础篇　认识沙盘和初始年经营

学习情境一　企业经营沙盘模拟训练准备

学习情境二　初始年经营操作……15

训练篇　基本方法、经营策略和分析工具

实战篇　经营表格

基础篇　认识沙盘和初始年经营

学习情境一　企业经营沙盘模拟训练准备

企业经营管理沙盘源自西方军事上的战争沙盘模拟推演。英、美知名商学院和管理咨询机构通过对军事沙盘推演进行广泛的借鉴与研究，最终开发出了企业经营沙盘实战模拟培训这一新型现代教学模式。这一教学模式通过模拟企业系统运营，使学生在模拟企业各项经营管理活动的训练过程中体验得失、总结成败，进而领悟科学管理规律，掌握管理方法、经营策略和分析工具，提高经营管理能力。

本学习情境的学习任务主要是认识企业经营沙盘及其道具，并组建管理团队和对团队成员进行分工，熟悉沙盘经营规则。

任务一　认识企业经营沙盘

【知识目标】

✧ 了解企业经营沙盘的特点和内容；
✧ 掌握企业经营沙盘中各个角色承担的任务和责任；
✧ 认识企业经营沙盘的道具。

沙盘微课堂-课程与道具简介

【能力目标】

✧ 对沙盘训练产生学习兴趣；
✧ 能区分沙盘道具。

【任务引入】

在进行企业经营沙盘模拟训练之前，先要了解什么是企业经营沙盘，企业经营沙盘课程的内容，企业经营沙盘学习有怎样的成效与意义。

任务：在开始经营企业沙盘模拟训练之前，先了解企业经营沙盘概况。

知识链接

一、企业经营决策沙盘模拟课程的产生

20世纪20年代，英、美知名商学院和管理咨询机构将军事沙盘引入商业领域，并开发出企业经营决策模拟系统，建立适合企业管理人员和大学管理专业学生的企业经营决策沙盘模拟课程。企业经营决策沙盘模拟课程最早被美国哈佛大学应用于MBA教学，是集知识性、趣味性、对抗性于一体的企业管理技能训练课程。

在20世纪后半叶，企业经营沙盘模拟培训开始在欧洲、日本和其他发达国家的企业界和教育界风行。20世纪80年代，企业经营决策沙盘模拟开始进入中国，并率先在企业高层管理人员的培训中使用。进入21世纪，企业经营决策沙盘模拟课程在我国高等院校中得到迅速推广，现已成为许多高校实践教学的热点课程之一，同时也为广大的中国企业界精英人士所熟知，成为国内大中型企业内训和高校教学的最先进工具之一。

二、企业经营决策沙盘模拟课程的发展

沙盘课程进入我国以后获得了迅速的发展。很多高校、企业培训机构都逐步开设了沙盘课程。我国不少研究人员、软件开发商也在此基础上对原有的沙盘及相关技术进行了优化和改进，为沙盘课程的丰富和完善作出不少贡献。下面简单叙述沙盘课程进入我国后的一些发展。

最早进入我国的原始沙盘是基于手工操作的，称为手工沙盘或物理沙盘。手工沙盘需要借助一些教具，比如盘面、筹码、单据和标识等。新学员接触手工沙盘，较容易理解和接受，趣味性也更加浓厚，但是需要指导教师和学生花费更多的时间和精力。手工沙盘简便易行，目前仍有部分培训机构和院校在使用。

沙盘教程进入我国不久，国内企业就研发了相关配套软件，也将这种模式称为软件模拟类沙盘或电子沙盘。在这种方式中，学生需要把企业经营的操作过程逐步在计算机系统里完成，这相当于录入了实战企业的全部原始凭证，对实战过程进行了监控，为全面管理数据提供了方便。随着相关配套软件的完善和网络的发展，学生可以实现在计算机和网络中进行企业经营决策的博弈。

为了使企业经营决策沙盘模拟课程趣味性更强，操作更加简便，监测更加缜密，也有很多高校和管理培训机构将手工沙盘和电子沙盘结合起来使用。本书正是基于手工沙盘和电子沙盘结合使用而编写的教程。

三、企业经营决策沙盘模拟课程的意义

1. 拓宽知识面，完善知识结构

企业经营决策沙盘模拟是一门集理论与实践于一体的综合型课程。该课程的基础背景为一家已经营若干年的生产型企业，企业涵盖了几个职能中心，包括营销与规划中心、生产中心、物流中心和财务中心。各职能中心涵盖了企业运营的所有关键环节：战略规划、资金筹集、市场营销、产品研发、生产组织、物资采购、设备投资与改造、财务核算与管理等几个部分，把企业运营所处的内外环境抽象为一系列的规则。通过模拟实训可以使学生在

战略管理、营销管理、生产管理、财务管理、人力资源管理、信息管理等方面得到实际锻炼。

企业经营决策模拟沙盘课程将参与者分为若干团队，每个团队模拟一个企业的运作。团队成员分别担任总经理、财务经理、营销经理、生产经理、信息经理等管理职位，体验企业经营决策的完整流程。扮演不同角色，要求参与者具有不同的岗位知识、专业技能，这突破了专业方向对参与者的限制，促进了参与者对企业经营管理相关知识的学习和强化。同时，企业的经营决策模拟也是一个团队齐心协力、互相配合的过程，每个团队队员都要熟悉每个岗位的专业知识，这也大大拓展了参与者的知识面，有助于提升参与者的管理能力。

2. 改变教学方式，激发学习兴趣

学习一直被大多数人认为是一个艰苦的过程，古人用“学海无涯苦作舟”“十年寒窗苦”来形容求学的艰辛。而企业经营决策模拟沙盘实战这一体验式教学方法，使得学习过程不再枯燥，知识不再晦涩，可以激起参与者的竞争热情，让大家有学习的乐趣。课堂不再是老师“满堂灌”，而是让学生亲自参与企业经营全过程的模拟，体验不同的角色职责。“兴趣是最好的老师”，有了自主学习的动力，知识掌握起来更加容易，技能锻炼得也更加扎实。

3. 提升管理技能，提高综合素质

企业经营决策沙盘模拟是对企业经营管理的全方位展示，通过模拟实训可以使学生在战略管理、营销管理、生产管理、财务管理、人力资源管理、信息管理等方面的管理知识得到综合运用。这种训练跨越了专业分隔、部门壁垒。学生借助企业经营沙盘推演自己的企业经营管理思路，每一次基于现场的案例分析及基于数据分析的企业诊断，都会使学生获益匪浅，达到磨炼商业决策敏感度，提升决策能力及长期规划能力的目的。在企业经营决策沙盘模拟中，学生将充分运用所学知识积极思考，在不断的成功与失败中获取新知识，加强团队合作，培养实践能力，提升管理技能和综合素质。

企业经营沙盘培训道具可以用来推演企业经营的一个立体模型，能够模拟企业的各种经济业务。企业经营沙盘培训道具主要包括沙盘盘面、订单卡片、游戏币及空桶等。

四、认识沙盘道具

1. 企业经营沙盘盘面

企业经营沙盘模拟训练课程需要的企业经营沙盘盘面如图 1-1 所示，它是对一个真实企业的形象模拟。盘面的布局主要体现在分区上，整个盘面分为“办公区”和“厂区”两大部分。办公区包括财务部、销售部、市场部、采购部、研发部；厂区包括生产部、车间、原料库、产品库。

从盘面来看上半部分主要反映资金流的全过程，下半部分主要反映物流运作的全过程。

物流包括：原材料的订购、材料入库、材料上线、完工入库、完成销售。

资金流包括：反映资金流入的银行贷款和民间融资导致的现金增加、应收账款的不断到账等业务导致的现金增加，反映资金流出的应付账款的到期支付导致现金减少，市场开拓、产品研发、相关认证、日常的行政管理费、设备变更维修费、广告、租金、利息、贴现、税金等支付导致的现金减少。

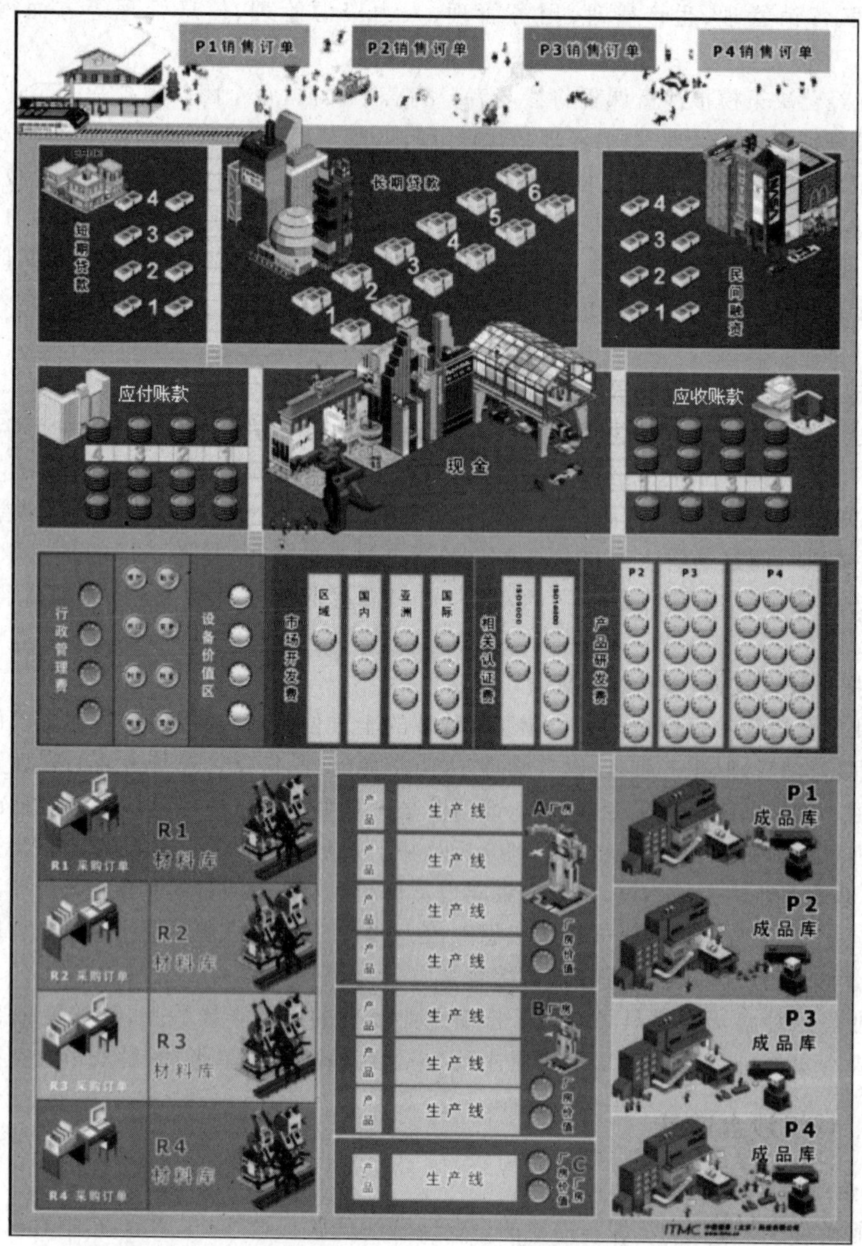

图 1-1 企业经营沙盘盘面图

2. 游戏币与空桶

企业经营沙盘使用的游戏币有很多种，用各种游戏币来表示企业经营所需的各种原料和资金；空桶既是放置游戏币的器具，又可用作其他用途，如贷款等，如图 1-2 所示。

3. 订单卡片

订单卡片用于模拟企业的市场订单，包括本地市场、区域市场、国内市场、亚洲市场、国际市场等，卡片上有各个市场对所需求产品的量化数据。企业经营沙盘活动中要准备 6～8 年不同细分市场的所有订单。图 1-3 是一张本地市场订单的图示。

钱币	蓝色	
R1原材料	红色	
R2原材料	绿色	
R3原材料	灰色	
R4原材料	黄色	
空桶	透明	

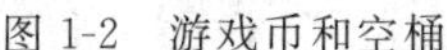

图 1-2　游戏币和空桶

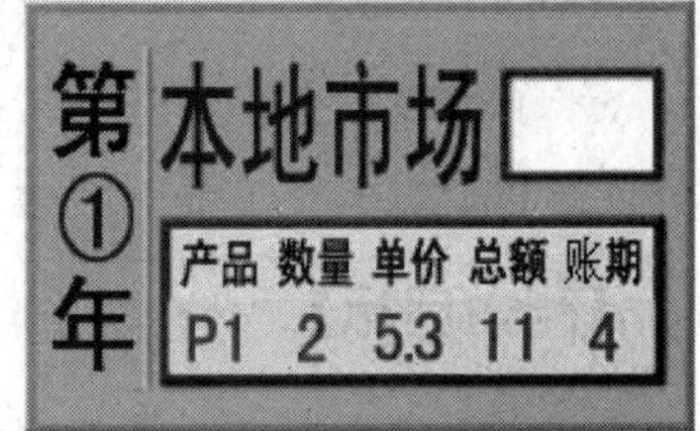

图 1-3　本地市场订单图示

4. 厂房

企业经营沙盘盘面上设置了 A、B、C 三个厂房，A 厂房可容纳 4 条生产线、B 厂房可容纳 3 条生产线、C 厂房可容纳 1 条生产线，作为模拟企业的生产制造环境，如图 1-4 所示。

5. 生产线

厂房里可以放置生产设备。生产设备有手工生产线、半自动生产线、全自动生产线、柔性生产线。它们的生产效率及灵活性不同，如图 1-5 所示。

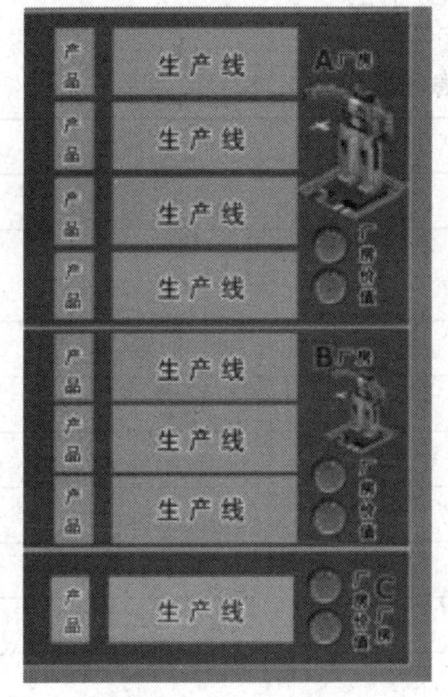

图 1-4　厂房图

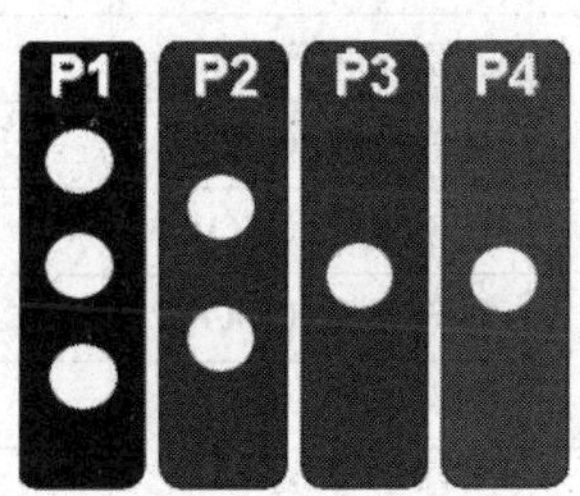

图 1-5　生产线

每条生产线上需要有产品标识。产品标识用于表示对应生产线正在生产的产品，企业经营沙盘活动设计了四种产品，即 P1 产品、P2 产品、P3 产品和 P4 产品。

任务二 组建企业管理层

【知识目标】

✧ 了解模拟企业的基本情况；
✧ 熟悉企业各个部门的职责。

【能力目标】

✧ 能组建模拟企业管理团队；
✧ 能根据企业的组织结构确定企业各部门的职责。

【任务引入】

模拟企业是一个典型的本地制造型企业，长期专注于某行业P系列产品的生产与经营。目前的主打产品是P1产品，在本地市场的发展不错。不过，由于原来的管理层在企业发展上比较保守，生产设备陈旧，产品、市场单一，使得企业一直处于小规模经营状态。在未来的几年内，市场的竞争将越来越激烈，如果继续目前的经营模式，很可能会被市场淘汰。因而，董事会决定引入新的管理层，对企业的经营模式进行改革，使企业发展成为更有潜力的实体。

任务：请根据企业需求组建新的管理团队并完成表1-1。

表1-1 新管理团队信息和职责分工表

<table>
<tr><td>企业名称</td><td colspan="3"></td></tr>
<tr><td>经营目标</td><td colspan="3"></td></tr>
<tr><td>企业标志</td><td></td><td>经营口号</td><td></td></tr>
<tr><td>团队分工</td><td>职　务</td><td>姓　名</td><td>主要职责</td></tr>
<tr><td rowspan="5">主要成员</td><td>总经理(CEO)</td><td></td><td></td></tr>
<tr><td>营销经理(CSO)</td><td></td><td></td></tr>
<tr><td>财务经理(CFO)</td><td></td><td></td></tr>
<tr><td>生产经理(COO)</td><td></td><td></td></tr>
<tr><td>采购经理</td><td></td><td></td></tr>
<tr><td rowspan="4">其他成员(必要时设置)</td><td>信息主管</td><td></td><td></td></tr>
<tr><td>会计主管</td><td></td><td></td></tr>
<tr><td>研发主管</td><td></td><td></td></tr>
<tr><td>市场主管</td><td></td><td></td></tr>
</table>

知识链接

企业经营沙盘的模拟企业管理层一般由5～9人组成，共同经营，分工合作。总经理

(CEO)主要负责整个企业的决策和整体规划；财务经理(CFO)负责资金运作的管理，负责记录每期的现金收支情况及编制每年的财务报表等。各个角色在完成自身岗位工作的同时，还要及时沟通与协作，保证相互之间的信息畅通。

一、模拟企业部门职能

模拟企业和真实企业一样设置了营销部、财务部、生产运营部、物流部、信息部等重要的部门，这些部门的相互合作对企业的运营业绩有重大影响。表 1-2 是模拟企业的主要部门情况。

表 1-2　模拟企业部门职能和工作说明

职能部门	主要岗位	主要工作	工作说明	备　注
总部	总经理	公司战略	指导企业总体战略和长期规划，并组织实施	
	信息主管	获取信息	获取竞争对手和企业内部各部门的信息，为公司高层决策提供依据	
营销部门	经理 市场主管 销售主管	市场分析 营销战略	根据市场预测图表分析市场需求和价格情况，制定未来 2～3 年营销战略	
		市场开拓 资格认证	按照公司战略和经营规划来确定开发哪些市场，确定需要获得哪些认证	包括区域：国内、亚洲、国际市场；ISO 9000 和 ISO 14000 认证
		投放广告	确定广告的投放量和投放区域	要与生产能力相匹配
生产运营部门	经理 研发主管 生产主管	产品研发	确定企业需要开发哪些产品	可选择 P2、P3、P4
		厂房管理	确定是否要购买、租赁和出售厂房	
		生产线管理	确定是否要购买、出售生产线，生产线是否要转产	包括手工、半自动、全自动、柔性生产线四种
		组织生产	制订生产计划，根据销售要求调整计划并组织生产，以满足市场需求	开发完成后方可生产，包括 P1、P2、P3、P4
物流部门	经理 采购主管 仓库主管	定购原材料	根据生产计划制订采购计划，提前采购原材料满足生产要求	R1、R2 提前一个季度；R3、R4 提前两个季度
		管理原材料库	四种原材料分别存放在各自的原材料库	
		管理成品库	四种产成品，分别存放在对应的成品库	
财务部门	经理 预算主管 会计主管 出纳主管	财务预算	根据经营规划，制定年度财务预算	
		融资管理	资金不足时，争取各种贷款	长期、短期贷款、民间融资等
		应收、应付账款管理	管理应收和应付账款	
		财务报表	编制费用表、利润表和资产负债表	
		现金管理	填制现金流量表	

二、主要岗位职责与分工

1. 总经理(CEO)

总经理作为模拟企业最高行政管理人,对公司业务全面负责。总经理的主要工作就是带领团队共同决定企业所有重要事项和长远规划,并做出最终决策。当大家的意见相左时,由总经理做出最终决策。总经理的主要工作职责如下。

(1) 确定企业的经营战略:整合企业所有资源,确定市场定位,随时获得竞争对手的信息,确定产品开发和固定资产投资方向。

(2) 监控企业战略执行:监督企业经营沙盘操作中每一步工作的执行,具有预防问题发生的前瞻意识和遇到问题后能提出解决问题的方法。

(3) 团队管理:发挥每个团队成员的优势,合理分工,监控每个角色职能偏差,促进团队成员的合作。

(4) 拟定公司总体规划、决策:负责跟踪处理各类可能给企业造成经济损失和不良影响的突发事件。

2. 营销经理(CSO)

销售收入是企业利润的来源,销售的实现是企业生存和发展的关键。在企业经营沙盘对抗中营销经理承担的主要责任是了解市场需求、满足市场需求、开拓市场和实现销售。营销经理的主要工作职责如下。

(1) 分析市场数据:对市场预测图表进行分析,掌握每个分市场的需求和价格情况。

(2) 制定营销规划:预测市场的变化趋势,确定未来 2～3 年的主打市场。

(3) 投放广告:根据企业生产能力和市场需求情况确定每年的广告投放额度。

(4) 收集市场销售信息:与信息主管合作了解竞争对手的信息。

(5) 开拓市场:根据公司的发展战略确定需要开拓的市场。

(6) 完成销售任务和实现货款回收。

3. 财务经理(CFO)

在模拟企业中,财务经理的主要工作是预测未来几年的现金需求量,负责资金的筹集、管理,制订全年的费用预算,保证各部门在经营中的现金需求,避免现金断流。每年度按时报送财务报表并做好财务分析。财务经理的主要工作职责如下。

(1) 制订财务预算:预测每年度各部门的现金支出和现金回流情况,做好现金预算表。

(2) 融资规划:通过短期贷款和长期贷款缓解资金压力和保障企业的发展。

(3) 费用预算:通过预算全年的费用和销售毛利,预测企业的盈利(亏损)状况。

(4) 现金控制:根据预算表控制好现金的开支,并做好现金流量记录表。

(5) 编制报表:每年度结束时编制费用表、利润表和资产负债表。

(6) 成本分析和财务分析:对企业的综合财务状况进行分析。

4. 生产经理(COO)

企业经营沙盘对抗中生产经理的工作主要是制订每年的生产计划、研发新产品、购置新生产线、组织生产保证按照销售订单给客户交货。生产经理的主要工作职责如下。

(1) 计算产能和可销售量：在营销经理投放广告前，按照不同生产线和产品品种计算全年产量。

(2) 制订生产计划和组织生产：根据订单、原材料供应情况和生产线状态编制全年的生产计划，并组织实施。

(3) 调整产能和购置生产线：生产线调整、变卖，根据营销规划和财务状况购置新生产线。

(4) 研发新产品：根据企业总体战略，确定是否研发新产品。

(5) 厂房管理：确定是否购买或租赁厂房。

5. 采购经理

采购经理主要负责制订每年的原材料采购计划，保证生产计划的正常完成，避免停工待料和原材料堆积。采购经理的主要工作职责如下。

(1) 制订采购计划：根据生产计划和库存情况，计算原材料的需求量，编制采购计划表。

(2) 仓库管理：对原材料库和成品库进行管理，避免原材料和成品堆积。

(3) 合理利用应付账款：适当采用批量采购缓解现金压力。

任务三　认识经营规则

【知识目标】

✧ 熟悉模拟企业的经营规则；

✧ 了解模拟企业的计分规则。

【能力目标】

✧ 能根据企业的经营规则经营企业。

【任务引入】

企业经营沙盘模拟训练课程的基础背景是一家已经经营若干年的生产型企业，刚成立的管理层需要开始经营这家模拟企业，经营时间一般为6～8年。

模拟企业是按照一定的经营规则进行经营的。要进行模拟企业经营，必须先熟悉企业经营沙盘的经营规则。

任务：明确企业经营沙盘的运作基本规则和计分规则。

知识链接

分为总经理CEO、营销经理CSO和生产经理COO、财务经理CFO四个角色。各角色基本规则如下。

一、CEO(总经理)

岗位职责：制定企业发展战略规划，带领团队共同完成企业决策，审核财务状况，听取盈利(亏损)状况。

二、CSO(营销经理)

岗位职责：分析市场，制订企业营销计划，积极扩展市场；合理投放广告；获取与企业生产能力相匹配的客户订单；与生产部门沟通，确保按时交货；监督货款的回收。

沙盘微课堂-运营规则(1)

营销经理在沙盘模拟经营中的任务及规则如下。

1. 制订广告方案

营销经理根据市场预测情况进行各个产品和地区的广告投放。每个市场的订单是有限的，并不一定投放广告就能得到订单，但至少投放 1M 广告费才有机会选单。

2. 参加订单竞单

按每个市场单一产品广告投放量，从高到低依次选择订单。如果该市场该产品广告投入相同，则比较该产品所有市场广告投入之和；如果单一产品所有市场广告投放相同，则比较其在所有产品和所有市场的广告总投入；如果所有产品和所有市场的广告总投入也相同，则软件根据谁先提交的广告方案，自动确定谁优先选单。市场订单可能受随机事件影响，由于社会经济环境、政府政策、自然灾害等意外事件，会影响产品的供求关系，从而增加订单的偶然性，要随时注意系统意外事件的提醒。随机事件概率是在教学或比赛前由教师指导平台的参数设定决定的。

订单的内容由市场、产品名称、产品数量、单价、订单价值总额、账期、特殊要求等要素构成。标注有“加急”字样的订单要求在每年的第一季度交货，延期交货将扣除该张订单总额的 25%(四舍五入取整)作为违约金；普通订单可以在当年内任一季度交货，如果由于产能不够或其他原因，导致本年不能交货，延期交货时扣除该张订单总额的 25%(四舍五入取整)作为违约金。

订单上的账期代表客户收货时货期的交付方式，若为 0 账期，则现金付款；若为 4 账期，则代表客户 4 个季度后才能付款。

如果订单上标注了“ISO 9000”或“ISO 14000”，要求生产单位必须取得相应的认证，才能得到这张订单。

3. 交货给客户

营销经理查看各成品库中的成品数量是否满足客户订单的要求，满足则按照客户订单交付约定数量的产品给客户。

4. 市场开拓/ISO 资格认证

市场开拓在每年的年末进行，每年只能进行一次，每个市场每次投放 1M，不能加速开拓。市场开拓不要求每年连续投入，在资金短缺的情况下可以停止对该市场的投资，但已经支付过的投资不能收回。如果在停止开拓一段时间后想继续开拓该市场，可以在以前投入的基础上继续投入。所有市场可以全部开拓，也可以选择部分市场进行开拓。只有在该市场开拓完成后，才能在下一年度里参与该市场的竞单。市场开拓和 ISO 认证在每年年末进行，市场开拓周期及费用如表 1-3 所示，企业 ISO 资格认证规则如表 1-4 所示。

表 1-3　市场开拓周期及费用表

市　场	本地市场	区域市场	国内市场	亚洲市场	国际市场
开拓时间	开放	1 年	2 年	3 年	4 年
开拓投入	无	1M/年	1M/年	1M/年	1M/年

表 1-4　企业 ISO 资格认证规则表

认 证 项 目	ISO 9000(质量)	ISO 14000(环境)
认证时间	2 年	4 年
认证投资(总额)	2M	4M

三、COO(生产经理)

岗位职责：生产计划的制订，企业内部的生产组织工作；生产计划的执行和控制，生产成本的控制；保持合理的存货，及时交货；组织新产品研发，扩充和改进生产设备。

沙盘微课堂-运营规则(2)

沙盘模拟经营中的任务及规则如下。

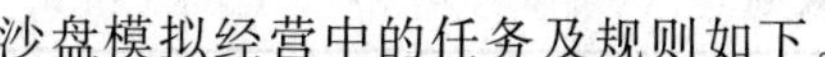

1. 产品研发投资

产品的研发至少需要 6 个周期，每个周期只能投入一定的费用，可以同时研发所有的产品，也可以选择部分产品进行研发，但不能加速研发。只有在研发完成后才可以进行该产品的加工生产，没有研发完成不能开工生产，但可以提前备料。已经开始研发的产品可以在任何时间里停止研发投资，但已经付出的资金不能收回；如果在停止研发一段时间后想继续研发，在之前研发的基础上继续增加投入即可。产品研发周期及费用如表 1-5 所示。

表 1-5　产品研发周期及费用表

产品	P2	P3	P4
时间	1.5 年(6Q)	1.5 年(6Q)	1.5 年(6Q)
投资(总额)	6M	12M	18M

2. 接受并支付已订购的货物

货物到达时，企业必须照单全收，并按规定支付原料费或计入应付账款。原料可以批量采购，采购规则如表 1-6 所示。

表 1-6　采购规则

原材料采购(每个原料价格 1M)		账　期
每次每种原材料采购	5 个以下	现金
	6～10 个	1Q
	11～15 个	2Q
	16～20 个	3Q
	20 个以上	4Q

3. 下原料订单

原料采购必须有采购提前期，签订采购订单时要注意采购提前期，R1、R2 原料需要一个季度的采购提前期，R3、R4 需要两个季度的采购提前期。接收货物时，如果货物未到，则处于在途状态。

4. 更新生产完工入库

每执行一次本项任务，将每条生产线上在生产的产品向成品库的方向移动一个账期，盘面上各生产线上的在制品向前推进一格，如果在制品处于生产线的最后一格，则产品直接下线，入到成品库中，表示产品加工完毕。

5. 购买/更新/转产生产线

生产线购买采用分期付款的方式，按该生产线的安装周期进行付款，生产线必须付完款、安装完成后才可以进行生产。只有空闲的生产线才可以变卖，生产线变卖时，首先按单位生产线计提折旧，如果还有剩余设备价值，则进行固定资产清理，记营业外支出，设备变卖残值记营业外收入。每种生产线的具体购买价格、安装周期、生产周期、出售残值、变更周期、变更费用如表 1-7 所示。

表 1-7 生产线规则

生产线	手工	半自动	全自动	柔性
购买价	5M	8M	16M	24M
安装周期	无	2Q	4Q	4Q
生产周期	3Q	2Q	1Q	1Q
出售残值	1M	2M	4M	6M
变更周期	无	1Q	2Q	无
变更费用	无	1M	4M	无

6. 开始新的生产

产品研发完成后，可以接单生产。生产不同的产品需要的原料不同，各种产品所用到的原料及数量(BOM)如图 1-6 所示。

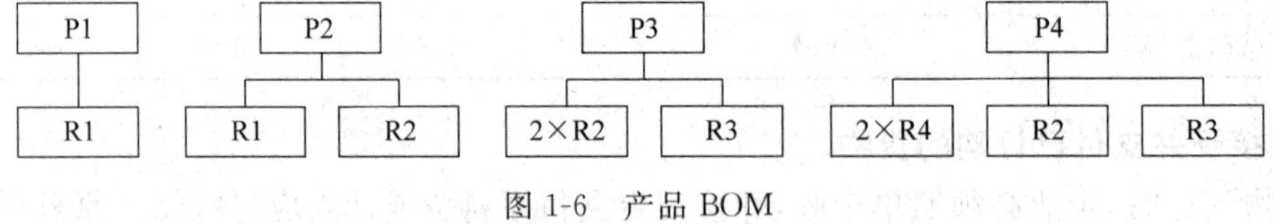

图 1-6 产品 BOM

每条生产线同时只能有一个产品在线生产。产品上线时需要支付加工费，不同生产线的生产效率不同，需要支付的加工费也不同。具体加工费用如表 1-8 所示。

表 1-8 加工费用表

产品	手工线	半自动	全自动/柔性
P1	1M	1M	1M
P2	2M	1M	1M
P3	3M	2M	1M
P4	4M	2M	1M

7. 支付设备维修费

每条生产线每年需付 1M 的维修费。

四、CFO(财务经理)

岗位职责：筹集和管理资金;做好现金预算,管好、用好资金;支付各项费用,核算成本;按时编制和报送财务报表,做好财务分析。

沙盘模拟经营中的任务及规则如下。

沙盘微课堂-运营规则(3)

1. 支付税金

先弥补前 5 年的亏损,然后按照税前利润乘以 25%计算企业所得税,按四舍五入取整。

2. 短期贷款/支付利息

更新短期贷款：如果企业有短期贷款,每执行一次本项任务,还贷账期缩短一个季度。

还本付息：如果到期后,需要归还本金,并支付利息。例如,短贷 20M,到期时,每桶需要支付 20M×5%＝1M 的利息,因此,需要支付本金与利息共计 21M。

获得新贷款：短期贷款在每一季度可以随时申请。可以申请的最高额度为上一年所有者权益×2－已贷短期贷款。

民间融资：民间融资的规则与短期贷款类似。只是贷款的利率不同。

无论短期贷款还是民间融资均以 20M 为最低贷款单位。短期贷款及民间融资贷款期限为一年(四个季度)。每季度内可以随时进行贷款,但是每季度初如果有到期需要归还的贷款,必须先还款后才能再贷。具体融资规则如表 1-9 所示。

表 1-9　短期贷款和民间融资规则

融资方式	规定贷款时间	贷款额度	还贷规定	利率
短期贷款	每季度初	上年所有者权益×2－已贷短期贷款	到期一次还本付息	5%
民间融资	任何时间	银行协商	到期一次还本付息	15%

3. 更新应收款/支付应付账款

每季度执行本项任务一次,如果有应收账款,则应收账款向现金方向移动一季度,应收账款到期后,移到现金中,现金增加。如果有需要支付的应付账款,则应付账款向现金方向移动一季度,应付账款到期后从现金中支付,现金减少。贴现,是将应收账款变成现金的动作,每季度可以随时进行应收款贴现,贴现时按 7 的倍数取应收账款,其中 1/7 需要支付贴现费用,6/7 变成现金,贴现时首先取账期最长的应收账款进行贴现。

4. 支付行政管理费

每个季度必须缴纳 1M 的行政管理费。

5. 长期贷款

更新长期贷款：如果企业有长期贷款,每执行一次本项任务,长期贷款向现金方向移动一年。

支付利息：长期贷款的还款规则是每年付息,到期还本,年利率为 10%。长期贷款到期时,财务经理从现金库中取出现金归还本金及当年的利息,并做好现金收支记录。

申请长期贷款：长期贷款只有在年末可以申请。额度为上一年所有者权益×2－已贷长期贷款。长期贷款也是以 20M 为基本单位。长期贷款期限为 6 年。每年年末,如果有到期需要归还的长期贷款,必须首先还款后才能再贷。具体融资规则如表1-10所示。

表1-10 长期贷款融资规则

融资方式	规定贷款时间	贷款额度	还贷规定	利率
长期贷款	每年年末	上年所有者权益×2－已贷长期贷款	年底付息,到期还本	10%

6. 购买(或租赁)厂房

系统设置了A、B、C三种厂房,A厂房可容纳4条生产线,B厂房可容纳3条生产线,C厂房可容纳1条生产线。厂房交易和租赁的价格如表1-11所示。

表1-11 厂房交易和租赁规则

厂 房	A厂房	B厂房	C厂房
价值	32M	24M	12M
租金/年	4M	3M	2M
售价	32M	24M	12M
生产线	4条	3条	1条

注意:A厂房为企业自有厂房,可以直接使用。购买生产线,可以直接选择厂房进行安装,在每年年末决定是否购买或者租赁厂房。厂房一旦使用,年底必须决定购买或租赁。厂房可以随时出售,但出售时必须是空厂房才可以。厂房出售后,不能立即收到现金,而是产生4个季度的应收账款。

7. 折旧

厂房不计提折旧。生产线按每条生产线余额递减法计提折旧,当年新安装的生产线不计提折旧。折旧＝设备价值/3,四舍五入取整。当设备价值下降至3M时,每年折旧1M。

说明:期初生产线设备价值为10M,其中三条手工线每条剩余设备价值为2M,一条半自动剩余设备价值为4M。

8. 关账

一年经营结束,年终进行关账,编制“利润表”和“资产负债表”。系统会根据得分规则自动计算当年各组的得分。

五、各组得分计算规则

(1) 各组得分＝权益×(1＋总分/100)。

(2) 总分＝以下分数的总和。

① 开发完成的市场:区域加10分,国内加15分,亚洲加20分,国际加25分;

② 开发完成的ISO认证:ISO 9000加10分,ISO 14000加15分;

③ 目前拥有的安装完成的生产线:手工线每条加5分,半自动每条加10分,全自动每条加15分,柔性每条加15分;

④ 前拥有自主产权的厂房:A厂房加15分,B厂房加10分,C厂房加5分;

⑤ 研发完成的产品:P2产品加5分,P3产品加10分,P4产品加15分;

⑥ 资金使用:未借民间融资加20分,未贴现加20分;

⑦ 经营超时:每超1分钟减10分(不足1分钟算1分钟)。追加股东投资:减追加投资额乘以2的分值。

学习情境二　初始年经营操作

企业经营沙盘是以企业的状态进行模拟经营，因此在进行企业经营沙盘模拟训练之前，必须先了解模拟企业的初始状态、经营流程，并通过初始年（电子沙盘对应为第 0 年）的经营，熟悉模拟企业经营流程，才能有效地开展企业经营。

任务一　设定模拟企业初始状态

【知识目标】

✧ 掌握企业经营沙盘中企业的初始状态。

【能力目标】

✧ 能根据企业经营沙盘中企业的初始状态开展经营活动。

【任务引入】

企业经营沙盘不是从创建企业开始，而是接手一个已经运营了若干年的企业。目前企业拥有大厂房，安装了 3 条手工生产线和 1 条半自动生产线，所有生产线都在生产 P1 产品，其资产负债表和利润表如表 2-1 和表 2-2。

表 2-1　第 0 年初资产负债表　　单位：M

资　　产		年初	年末	负债＋权益		年初	年末
固定资产				负债			
土地和建筑（含在建工程）	＋	32		长期负债	＋	40	
机器和设备	＋	10		短期负债	＋		
总固定资产	＝	42		应收款	＋		
流动资产				应交税	＋	2	
现金	＋	20		总负债	＝	42	
应收款	＋	18		权益			
在制品	＋	8		股东资本	＋	45	
成品	＋	8		利润留存	＋	9	
原料	＋	4		年度净利润	＋	4	
总流动资产	＝	58		所有者权益	＝	58	
总资产	＝	100		负债＋权益	＝	100	

表 2-2 第 0 年年初利润表 单位：M

项　　目	符号	年　初	年　末
销售	+	36	
直接成本	−	14	
毛利	=	22	
综合费用	−	9	
折旧前利润	=	13	
折旧	−	5	
支付利息前利润	=	8	
财务收入/支出	+/−	−2	
营业外收入/支出	+/−		
税前利润	=	6	
所得税	−	2	
净利润	=	4	

任务：根据资产负债表设定好企业初始状态。

知识链接

模拟企业的初始状态：各模拟企业取 3 条手工线，1 条半自动线，4 个 P1 标志，88 个蓝币、14 个红币，空桶若干。

一、财务部的初始状态设置

1. 现金 20M

由财务经理拿出一满桶蓝币(共计 20M)置于现金库位置。

2. 应收账款 18M

企业销售一般允许客户在一定期限内缴清货款而不是货到即付款。应收账款是分账期的，由财务经理拿两个空桶，分别装 9 个蓝币，放置于应收账款 3、4 的位置。

注意： 账期的单位为季度。离现金库最近的为 1 账期，最远的为 4 账期。

3. 长期贷款 40M

企业有 40M 长期贷款，分别于长期贷款第 4 年和第 5 年到期。约定每个空桶代表 20M，由财务经理将两个空桶分别置于第 4 年和第 5 年位置。

注意： 对长期贷款来说，企业经营沙盘上的纵列代表年度，离现金库最近的为第 1 年，依此类推。

4. 短期贷款、民间融资和应付账款暂时不用设置

如果以短期贷款、民间融资方式融资，可用空桶表示，在短期贷款或民间融资列表处放置，对短期负债来说，企业经营沙盘上的纵列代表季度，离现金库最近的为第 1 季度。

以上设置具体如图 2-1 所示。

图 2-1　财务部的初始状态设置

二、厂区设置

1. A 厂房 32M

企业拥有自主大厂房，价值 32M。由财务经理将 32 个现金筹码(蓝色)用桶装好放置于大厂房价值处。

2. 4 条生产线和产品标志

取 3 条手工线放置在 A 厂房的第 1～第 3 生产线的位置，注意统一把印有“手工生产线”字样的一端靠近成品库。取 1 条半自动生产线放置在 A 厂房的第 4 条生产线的位置，注意把印有“半自动生产线”字样的一端靠近成品库。把 4 个“P1”的生产标志放置在 A 厂房第 1～第 4 生产线的产品标识上。

3. 在制品 8M

在制品是指处于加工过程中，尚未完工入库的产品。A 厂房中有 3 条手工生产线、1 条半自动生产线，每条生产线上各有 1 个 P1 产品。手工生产线有 3 个生产周期，靠近原料库的为第一周期，3 条手工生产线上的 3 个 P1 在制品分别位于第 1、2、3 周期。半自动生产线有 2 个生产周期，P1 在制品位于第 1 周期，如图 2-2 所示。

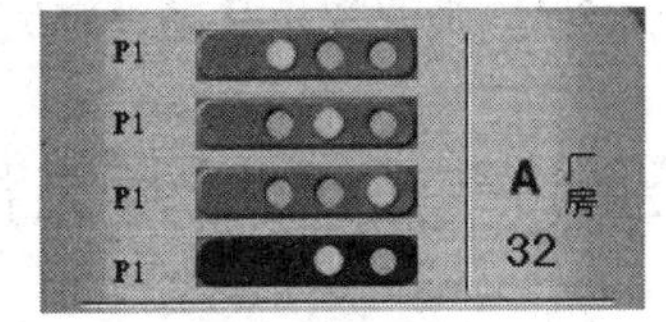

图 2-2　第 0 年年初在制品位置图

每个 P1 产品成本由两部分构成：R1 原料费 1M 和人工费 1M。由生产运营经理、采购经理与财务经理配合取 4 个蓝币和 4 个红币，分别组合制作 4 个 P1 在制品并摆放到生产线上的相应位置。

4. 成品 8M

P1 成品库中有 4 个成品，每个成品同样由 1 个 R1 原料费 1M 和人工费 1M 构成。由生产运营经理、采购经理与财务经理配合取 4 个蓝币和 4 个红币，分别组合制作 4 个 P1 成品并摆放到 P1 的成品库中。

5. 原料 4M

R1 原料库中有 4 个原料。每个价值 1M。由采购经理取 4 个红币，每个代表一个 R1 原材料，并摆放到 R1 原料库。

除以上需要明确表示的价值之外，还有已向供应商发出的采购订货，预定 R1 原料 2 个，由采购经理将 2 个红币放置到 R1 原料订单处。

以上设置具体如图 2-3 所示。

6. 生产线价值 10M

企业已购置了 3 条手工生产线和 1 条半自动生产线。扣除折旧，目前手工生产线每条剩余价值为 2M，共 6M；半自动生产线账面价值为 4M。由财务经理取 4 个空桶，分别置入 2M、2M、2M、4M，并放置设备价值区对应生产线编号 1～4 的位置，如图 2-4 所示。

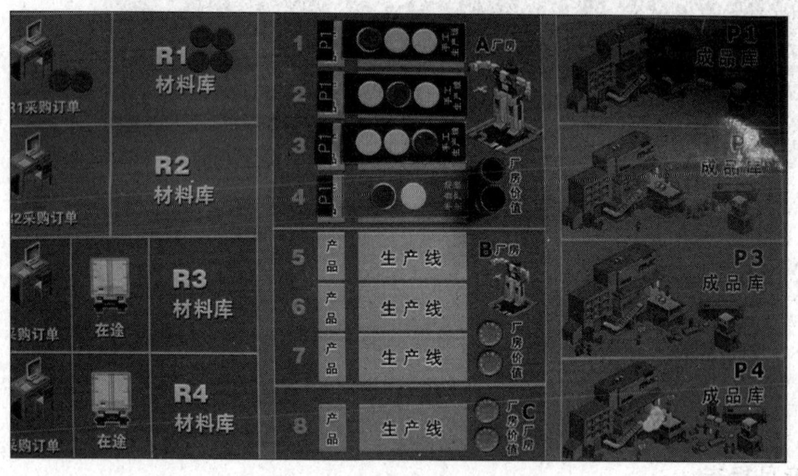

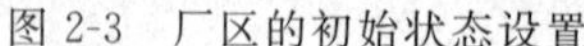
图 2-3 厂区的初始状态设置

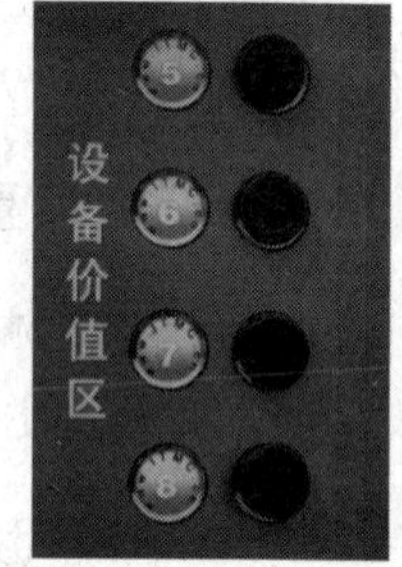

图 2-4 生产线价值设置

三、注意事项

(1) 初始状态中，除了按照资产负债表上的价值定位后，还有 2 个 R1 原材料订单。

(2) 应收账款为：第三季度 9M、第四季度 9M。

(3) 长期贷款为：4 年期 20M、5 年期 20M，共计 40M。

至此，企业初始状态设定完成。

任务二 企业经营流程

【知识目标】

✧ 了解一般企业的运营流程；

✧ 掌握沙盘模拟企业的经营流程。

【能力目标】

✧ 能按照企业运营流程经营模拟企业。

【任务引入】

模拟企业是按照一定的经营流程进行经营的,在进行第 0 年经营前,必须先熟悉沙盘模拟企业的经营流程。

任务:请掌握企业经营沙盘运作的经营流程。

知识链接

一、企业经营决策流程

模拟企业需要按照一定的经营流程进行经营,图 2-5 是一般企业经营决策的基本流程。

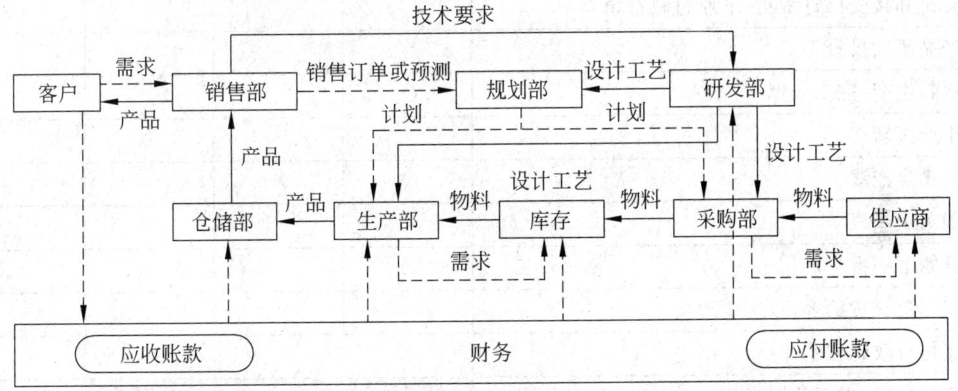

图 2-5　企业经营决策基本流程

根据图 2-5,可以简单地将企业的决策流程描述如下。

(1) 首先销售人员获得客户的需要,将客户的产品技术要求反馈给研发部门,同时根据客户的需求状况进行销售预测,形成销售订单,并将信息传递给规划部门。

(2) 规划部门根据销售部门传来的信息和研发部门的工艺设计情况,制订生产计划反馈给生产部门和采购部门。

(3) 采购部门在收到生产计划后,结合研发部门发来的生产工艺信息,制订物料需求计划,并根据库存状况向供应商发出订单。供应商在收到订单后,在指定的时间内通过采购部门将物料发往生产企业,此时支付物料费用。

(4) 生产部门根据生产需要向仓储部门发出物料需求信息,仓储部门根据库存情况向生产部门发出物料,当发生物料短缺的时候,仓储部门需要向采购部门发出采购请求。

(5) 生产部门根据生产计划、设计工艺和仓储部门提供的物料组织生产,生产完成之后,将产成品转入产品仓库,销售部门在产品仓库中取得货物,交给客户。

一般企业运营流程反映了两个问题:一是企业经营过程中必须做的各项工作;二是开展各项工作时需要遵循的先后顺序。

二、沙盘模拟企业的经营流程

企业经营沙盘中的模拟企业的经营流程如表 2-3 所示。

表 2-3 企业经营流程表

经营步骤		1Q	2Q	3Q	4Q
新年度规划会议、制订新年度计划					
支付应付税					
投放广告					
参加订货会/登记销售订单					
季初现金盘点(填余额)					
更新短期贷款/还本付息					
借入短期贷款/借入民间融资					
更新应收款/归还应付款					
支付并接受已订货物/下原材料订单					
产品研发投资					
更新生产/完工入库					
生产线转产					
变卖生产线					
购买生产线					
开始下一批生产					
按订单交货给客户/交违约金					
支付行政管理费					
支付利息/更新长期贷款					
申请长期贷款					
支付设备维修费					
支付租金/购买厂房					
计提折旧					
新市场开拓/ISO资格认证投资					
关账					
现金收入合计					
现金支出合计					
期末现金对账(计算余额)					
期末盘点	期末现金对账(填盘面余额)				
	原材料库存(采购经理填写)				
	在制品(生产经理填写)				
	产成品库存(营销经理填写)				

注：原材料、在制品和产成品库存请填写价值。

企业运营流程按照时间顺序分为年初的 4 项工作，按季度执行的 13 项工作和年末需要完成的 7 项工作。执行企业运营流程时由 CEO 主持，团队成员各司其职。总经理按照电子沙盘的任务清单中指示的顺序发布执行指令。完成每项任务时的分工如下。

(1) 财务经理负责财务的盘面移动，并在任务项目对应的方格内填写现金收支情况，不涉及现金收支的打"√"。

(2) 生产经理负责制品的上线、下线摆放，生产线购置，产品研发投资等盘面移动。

(3) 采购经理负责原材料的入库、出库盘面的移动。

(4) 营销经理负责投放广告、选择订单及按照订单交货。

现金流作为企业的"血液"，伴随着各项活动的发生而发生。在企业运营流程中，要求详细登记现金的收支明细，每执行一项任务时，如果涉及现金收付，财务经理在负责现金收付的时候要在相应的方格内登记现金收支情况。

注意：执行任务清单时，必须按照自上而下、自左而右的顺序严格执行。

任务三　第 0 年经营

【知识目标】

✧ 掌握模拟企业第 0 年的运营流程；

✧ 掌握现金流量表的编制。

【能力目标】

✧ 能模拟企业第 0 年的运营。

【任务引入】

管理层接管企业之后，接下来就需要进行模拟企业第 0 年的沙盘模拟企业经营，熟悉运营规则，明晰企业运营过程。

任务：请根据市场预测情况和企业的初始状况进行模拟企业的第 0 年沙盘运营。

知识链接

沙盘微课堂-基本操作(1)

一、第一季度

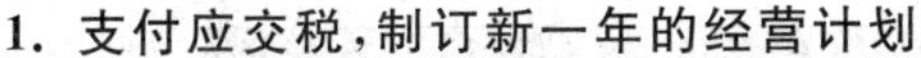

1. 支付应交税，制订新一年的经营计划

(1) 电子沙盘操作。单击电子沙盘右边的"支付应交税"按钮，弹出对话框，提示根据上一年资产负债表应交税金为 2M，输入"2"M，如图 2-6 所示。单击右下角的"规则说明"按钮，弹出所得税的"规则说明"对话框，如图 2-7 所示。

熟悉规则后依次单击"返回""纳税""返回"按钮。

(2) 手工沙盘和报表操作。财务经理取 2M 蓝币放在"税金"位置上，同时在现金流量表上记录"－2"，见表 2-3。

完成支付税金后总经理带领各部门经理做好本年度的经营计划。

2. 制订广告方案

(1) 电子沙盘操作。单击电子沙盘右边的"制订广告方案"按钮，弹出"制订广告方案"对话框，如图 2-8 所示。单击右下角的"规则说明"按钮，弹出广告投放"规则说明"对话框，

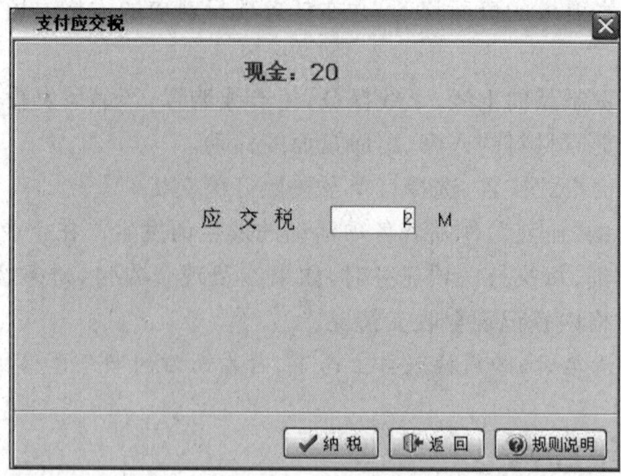

图 2-6 支付应交税

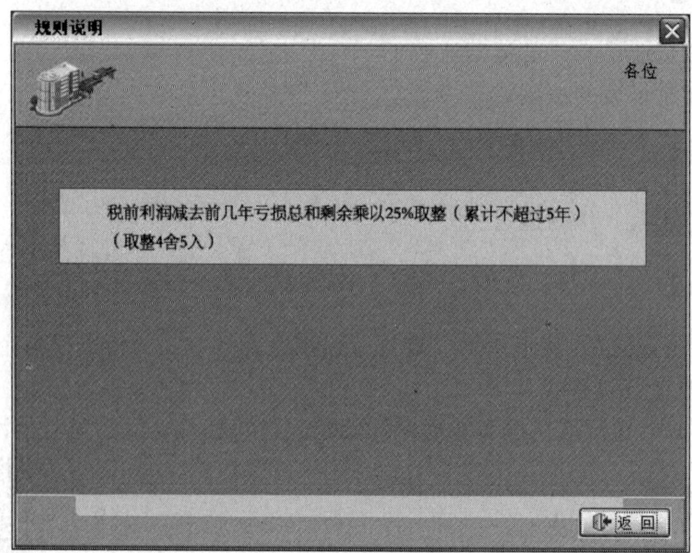

图 2-7 支付应交税规则说明

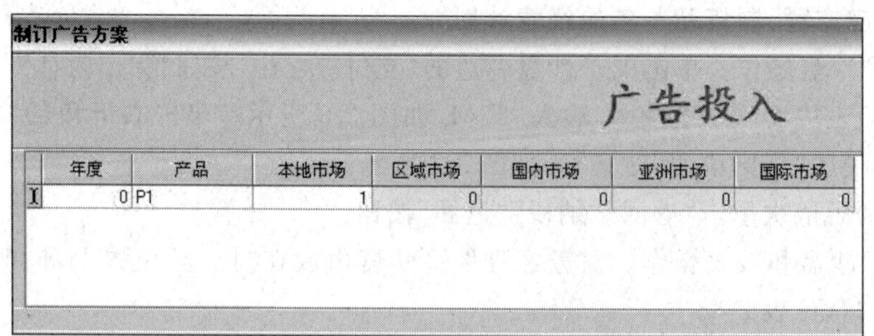

图 2-8 制订广告方案

如图 2-9 所示。

熟悉规则后，单击“返回”按钮，填写投放广告金额，再单击“提交”按钮，弹出如图 2-10

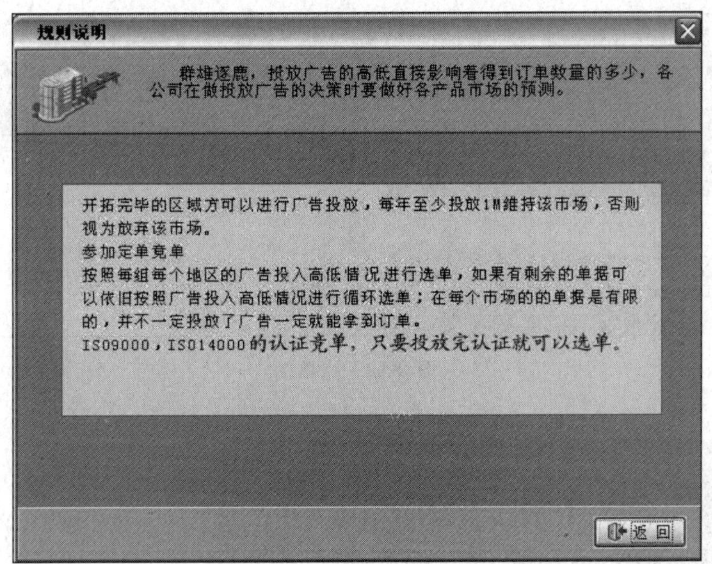

图 2-9　广告投放的规则说明

所示的“提示”对话框，依次单击“确定”“返回”按钮。

（2）手工沙盘和报表操作。营销经理负责确定投放广告金额，财务经理负责根据电子沙盘投放的广告额取相应现金投放到“广告”位置，如图 2-11 所示。在企业经营流程表（表 2-3）中“投放广告”1Q 位置填写相应金额数。

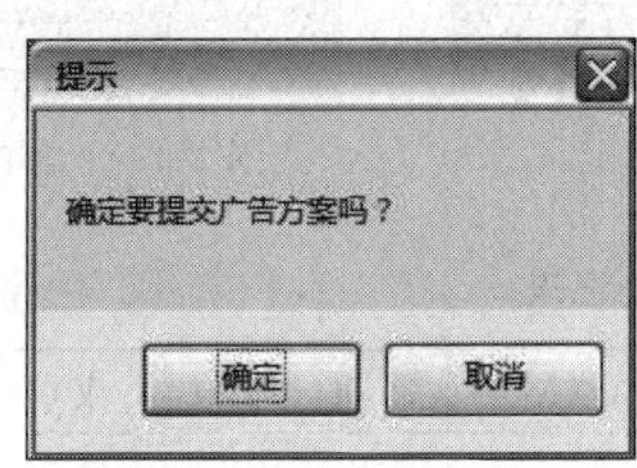

图 2-10　确定提交广告方案

图 2-11　投放广告

3. 参加订单竞单

（1）电子沙盘操作。单击电子沙盘右边“参加订单竞单”按钮，弹出“竞单”对话框，如图 2-12 所示，左上角为指示区，如果在指示区出现有绿色底纹的本组组号图标，则尽快单击该图标，在选择区会出现可供选择的订单，根据产能和订单情况选取订单，选中的订单会出现在签约区的列表中。选择订单后，单击“规则说明”按钮，弹出选单具体“规则说明”对话框，如图 2-13 所示。

熟悉规则后，单击“返回”按钮，当系统提示竞单结束，弹出如图 2-14 所示对话框，依次单击“OK”“返回”按钮。

（2）手工沙盘和报表操作。营销经理根据签约区的订单情况完成表 2-4。

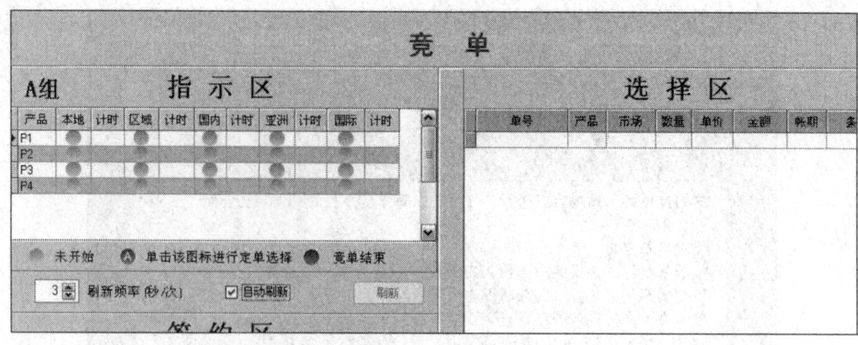

图 2-12 竞单图

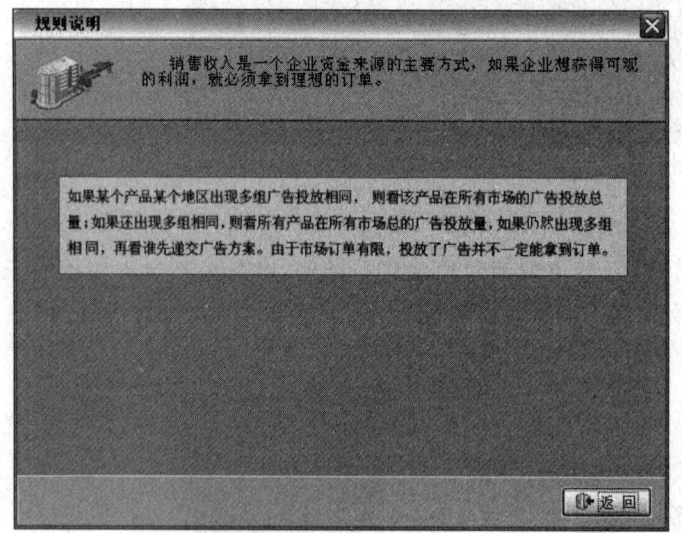

图 2-13 订单规则说明

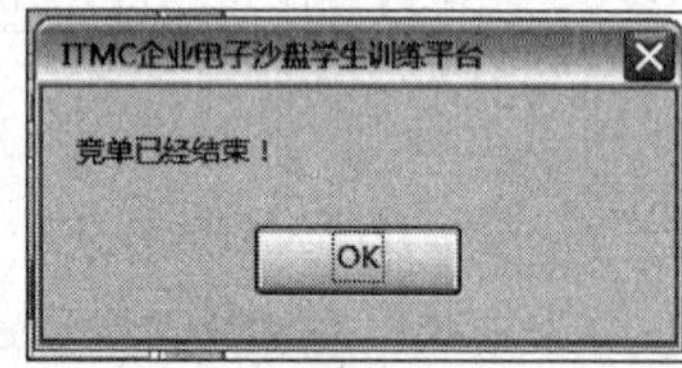

图 2-14 竞单结束提示框

表 2-4 订单登记表

编号	产品	市场	数量(个)	单价(M)	金额(M)	账期(季度)	成本(M)	毛利(M)
1	P1	本地						
2	P1	本地						

4. 季初现金盘点

电子沙盘与物理沙盘不需要操作，财务经理核对物理沙盘、电子沙盘现金库金额与现金流量表的计算一致，并在现金流量表中“季初现金盘点”1Q 位置填写核对后的现金数。

5. 短期贷款/支付利息

本季度不贷款，第二季度才进行贷款操作。

(1) 电子沙盘操作。单击电子沙盘右边“短期贷款/支付利息”，弹出“更新短期贷款/支付利息/获得新的贷款”对话框，如图 2-15 所示，必须先还到期短贷(包括短期贷款和民间融资)，才能进行新贷款。先填写到期的贷款及利息金额(本期输入 0M)，单击“确定”按钮进行还款，这时右侧的“新贷款”按钮显亮色，表示可以进行新贷款。由于本期暂不贷款，请单击“规则说明”按钮，弹出“规则说明”对话框，如图 2-16 所示。

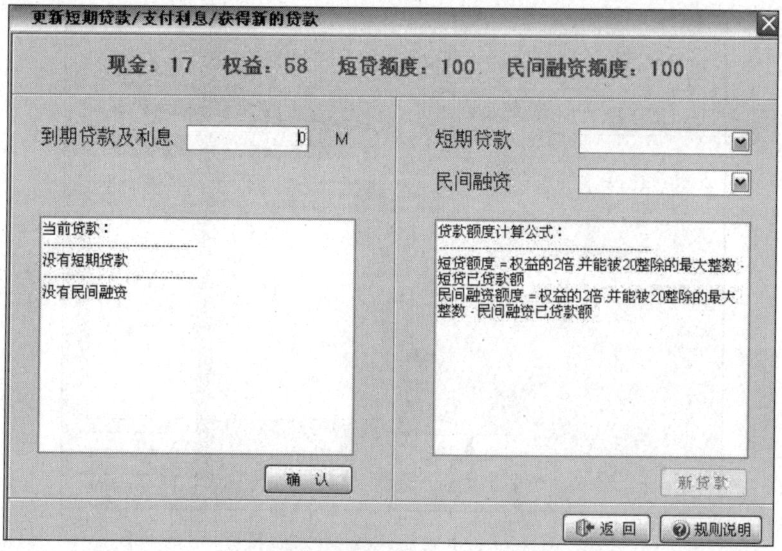

图 2-15　更新短期贷款/支付利息/获得新的贷款

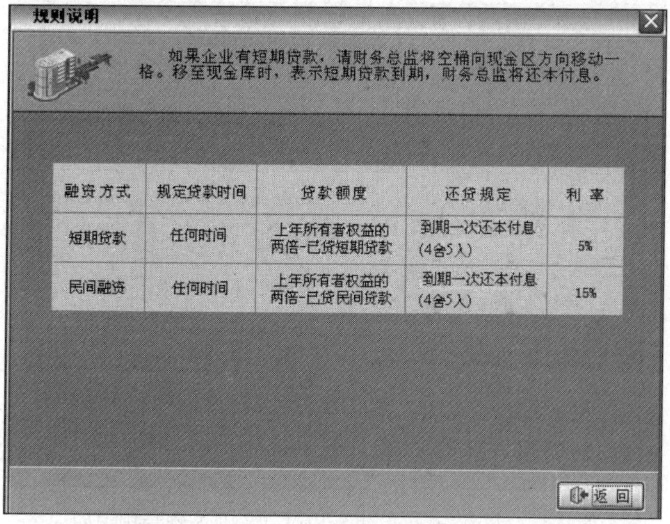

图 2-16　更新短期贷款/支付利息/获得新的贷款规则说明

由于本季度不贷款，直接单击“返回”按钮，回到贷款界面，再单击“返回”按钮。

(2) 手工沙盘和报表操作。财务经理负责在“现金流量表”第一季度还款金额及新贷款金额填写“0”。

注意：如果已经有贷款，财务经理需要把贷款的空桶往现金库方向推进一格。

6. 更新应收账款/归还应付款

(1) 电子沙盘操作。单击电子沙盘右边“更新应收款/归还应付款”按钮，弹出“更新应收款/更新应付款”对话框，输入到期应收款和到期应付款后单击“确认”按钮，本期的到期应收款和到期应付款均为“0”，如图 2-17 所示。单击“规则说明”按钮后，弹出“规则说明”对话框，如图 2-18 所示。

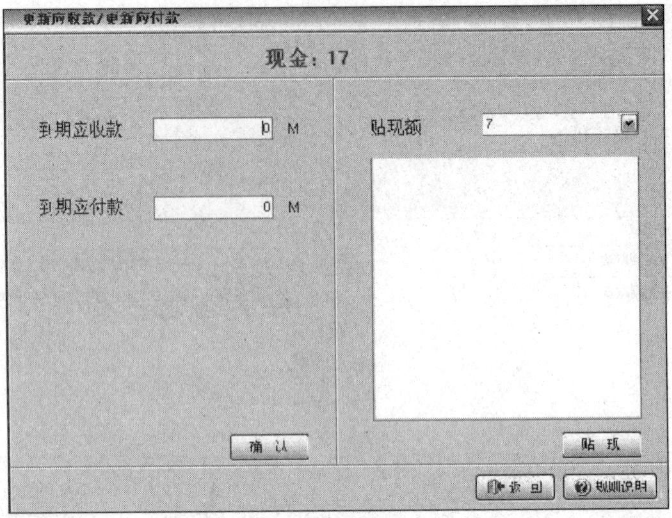

图 2-17　更新应收款/更新应付款

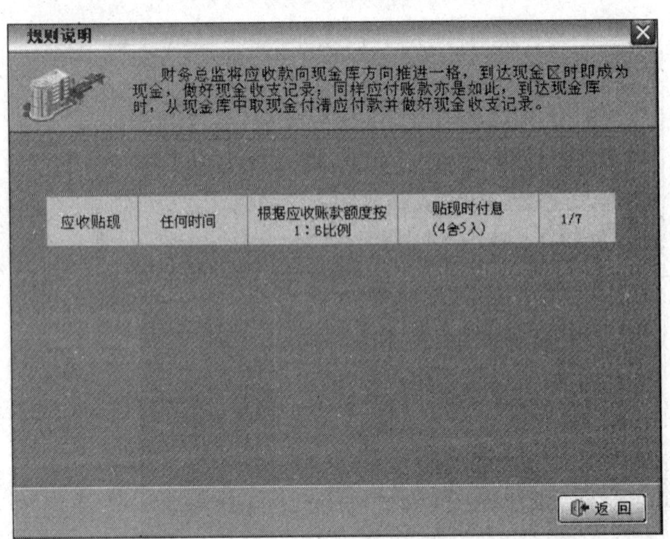

图 2-18　更新应收款/更新应付款以及贴现规则说明

熟悉规则后，单击“返回”按钮；本季度不贴现，单击“返回”按钮。

(2) 手工沙盘和报表操作。财务经理将应收款向现金库方向推进一格，到达现金库时即为现金，在现金流量表做好收现记录，如图 2-19 所示；同样，应付款项亦应向前推进一格，到达现金库时从现金中取出相应金额交予“银行”，并做好付款记录。

7. 接受并支付已定的货物

(1) 电子沙盘操作。单击电子沙盘右边“接受并支付已定的货物”按钮，弹出“接受并支付已定的货物”对话框，如图 2-20 所示。单击“规则说明”按钮，弹出“规则说明”对话框，如图 2-21 所示。

熟悉规则后，单击“返回”按钮，再单击“接收”按钮，输入“2”M 费用，如图 2-22 所示；单

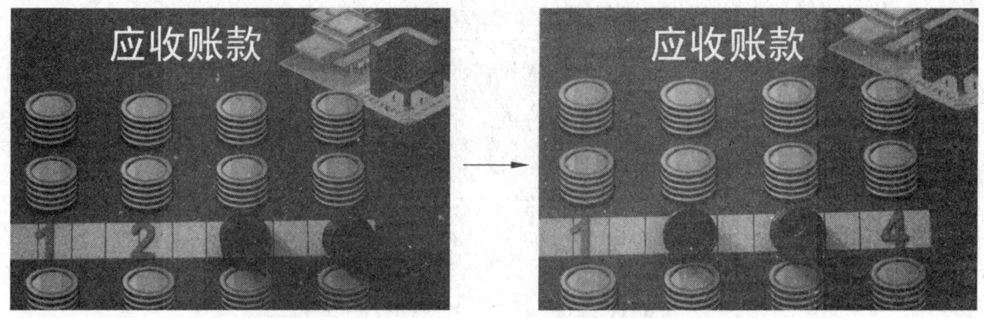

图 2-19 更新应收账款

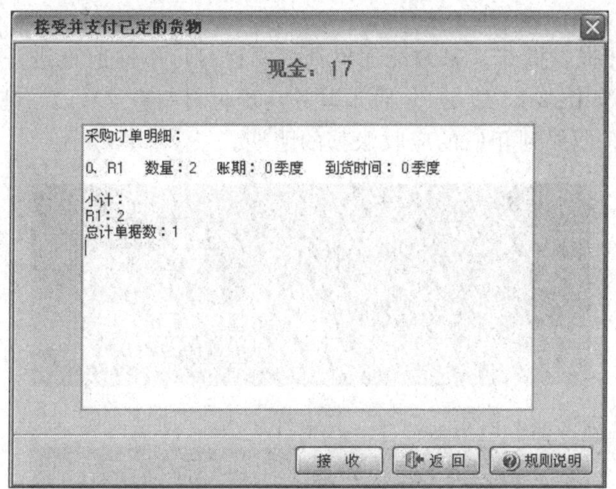

图 2-20 接受并支付已定的货物

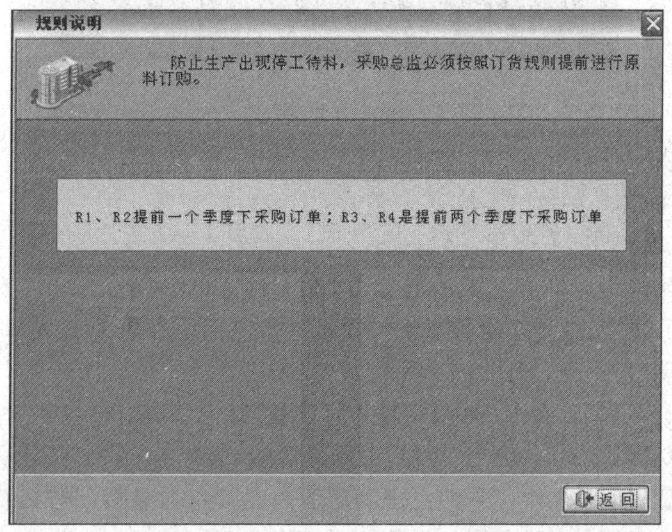

图 2-21 接受并支付已定的货物的规则说明

击“确认”按钮，再单击“返回”按钮。

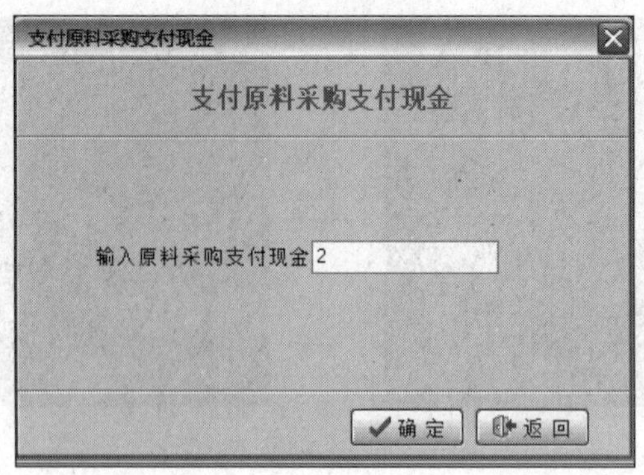

图 2-22 支付原料采购支付现金

(2) 手工沙盘和报表操作。采购经理负责将原材料订单向前推进一格，到期的 2 个 R1 原材料放入材料库，如图 2-23 所示，并通知财务经理付材料款 2M，如有应付账款，用纸条写好金额数，装入空桶，摆放到相应的应收账款的账期。

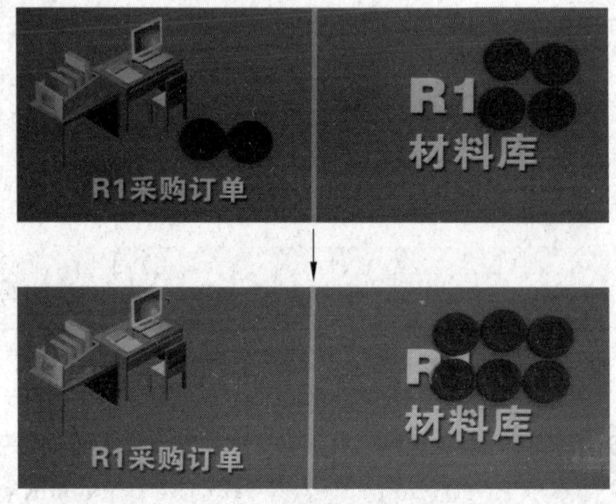

图 2-23 接受已定的货物

财务经理负责支付材料款 2M，并在现金流量表中“接受并支付已定的货物”1Q 中填写“－2”。

8. 下原料订单

(1) 电子沙盘操作。单击电子沙盘右边“下原料订单”按钮，弹出“下原料订单”对话框，如图 2-24 所示，输入需要订购的原材料数量进行签约。在签约前先单击“规则说明”按钮，弹出“规则说明”对话框，如图 2-25 所示。

先返回到下订单界面，在 R1 原材料填入订购数“1”，然后单击“签约”按钮，弹出“提示”对话框，如图 2-26 所示，单击“确定”按钮，关闭对话框，再单击“返回”按钮。

(2) 手工沙盘和报表操作。采购经理确定原材料订单数量后，到“银行”领取相应代表原材料的货币放入盘面的采购订单中。图 2-27 所示为下一个 R1 的原材料订单。

注意：下原材料订单没有涉及现金支付，所以财务经理不需要记账。到下季度接受已订货物时，再根据图 2-25 的规则确定是支付现金还是成为应付账款。

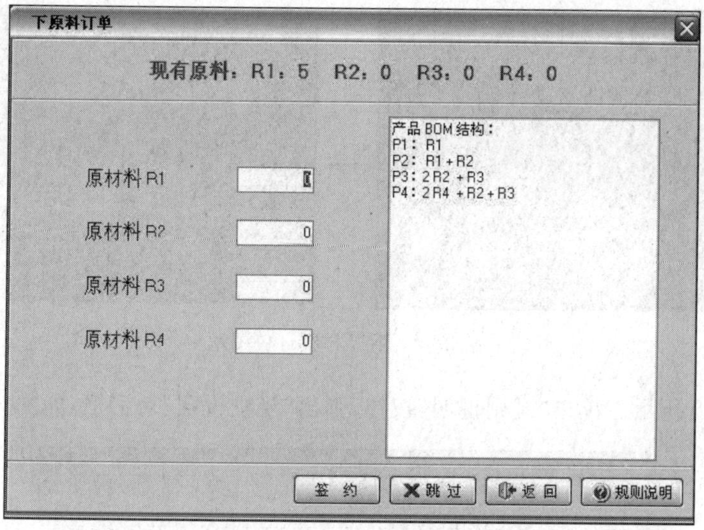

图 2-24 下原材料订单

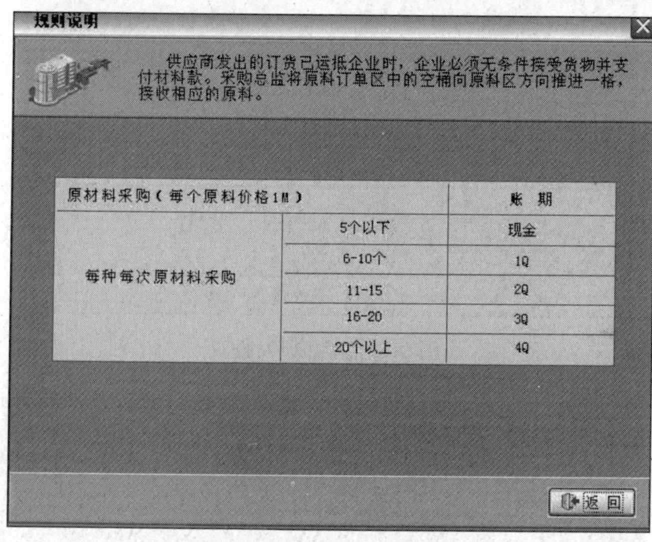

原材料采购（每个原料价格1M）		账 期
每种每次原材料采购	5个以下	现金
	6-10个	1Q
	11-15	2Q
	16-20	3Q
	20个以上	4Q

图 2-25 下原料订单规则说明

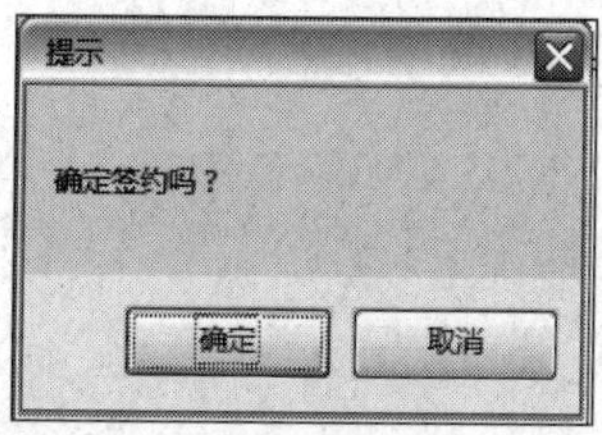

图 2-26 确定签约

9. 产品研发投资

（1）电子沙盘操作。单击电子沙盘右边“产品研发投资”按钮，弹出“产品研发投资”对

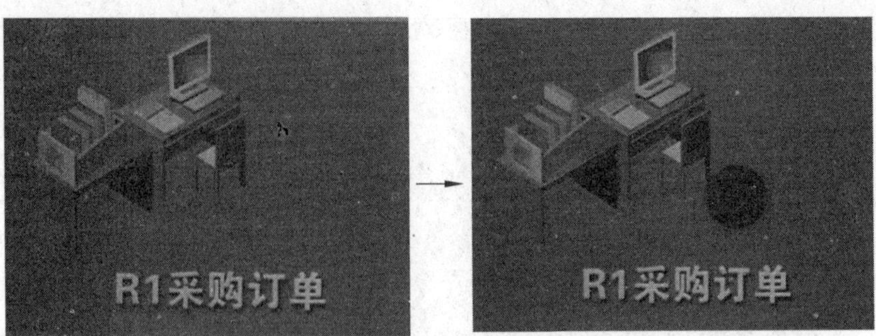

图 2-27　下原材料订单图示

话框，如图 2-28 所示。单击“规则说明”按钮，弹出“规则说明”对话框，如图 2-29 所示。

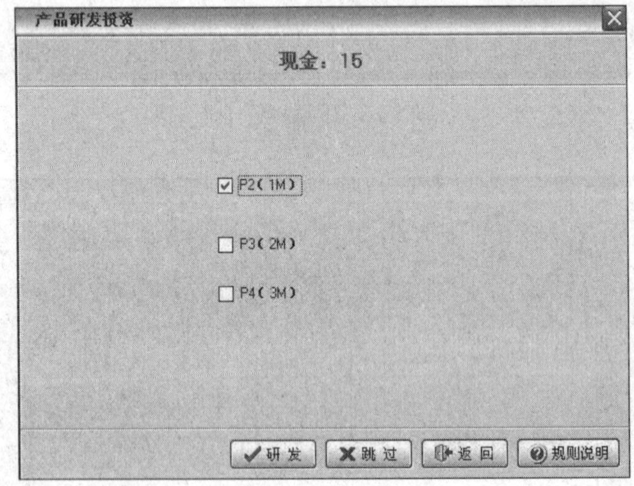

图 2-28　产品研发投资

规则说明

增强竞争实力，促进企业利润的提高，运营总监必须进行新产品的研发。

产品	P2	P3	P4
时间	1.5年(6Q)	1.5年(6Q)	1.5年(6Q)
投资	6M	12M	18M

返回

图 2-29　产品研发投资规则说明

熟悉规则后，返回选择研发 P2 产品，单击“研发”按钮，弹出“支付产品研发投资费用”对话框，输入产品研发费用“1”，单击“确定”按钮，如图 2-30 所示。

(2) 手工沙盘和报表操作。生产经理确定研发 P2 产品，通知财务经理把“1M”现金放到产品研发费 P2 的第一格；财务经理支付研发费，并在现金流量表中“产品研发投资”1Q 处填写“－1”，如图 2-31 所示。

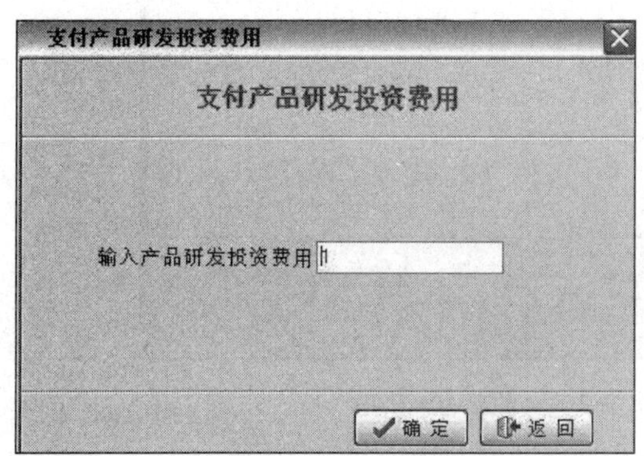

图 2-30　支付产品研发投资费用

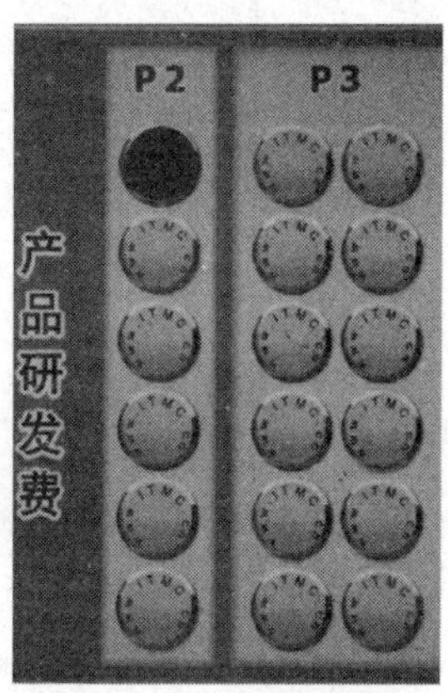

图 2-31　产品研发

10. 更新生产/完工入库

(1) 电子沙盘操作。单击电子沙盘右边“更新生产/完工入库”按钮，弹出“更新生产/完工入库”对话框，如图 2-32 所示，单击下面的“更新”按钮，生产线的生产进度进行了更新，如图 2-33 所示，半自动生产线由“2”更新为“1”，3 条手工线依次更新了一期，原先还剩“1”期的生产线直接入库了，所以更新后不再显示。单击“规则说明”按钮可以阅读规则。

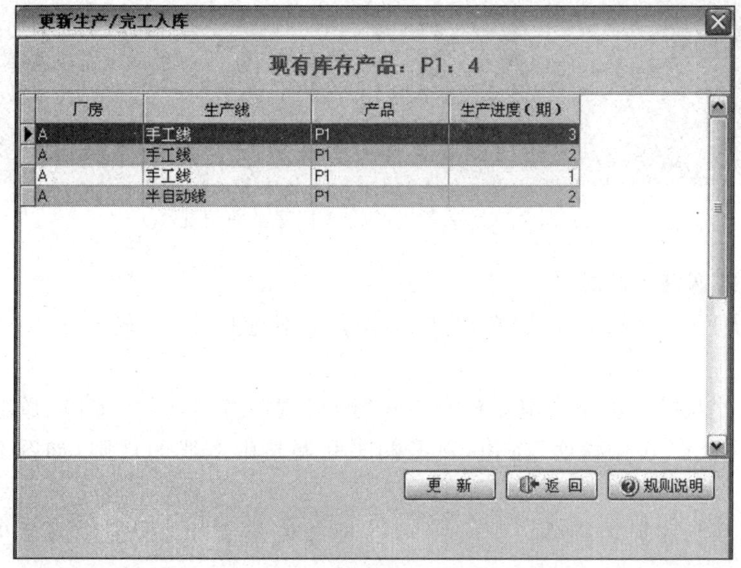

图 2-32　更新生产/完工入库之前

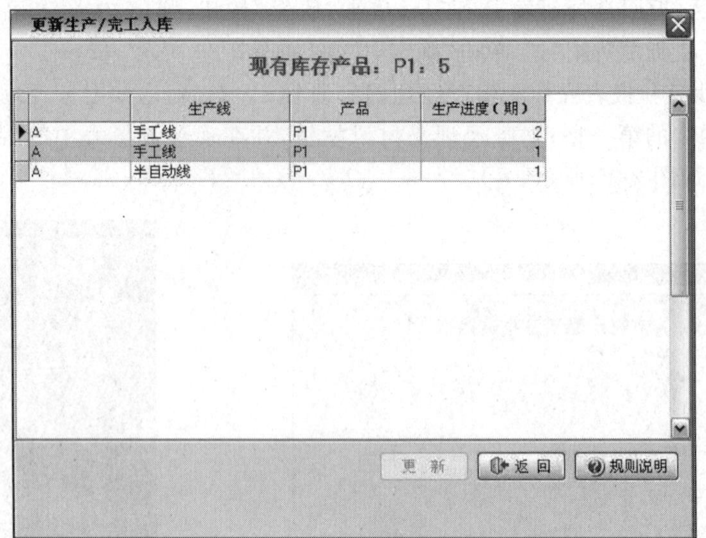

图 2-33 更新生产/完工入库之后

(2) 手工沙盘和报表操作。生产经理将各生产线在产品向前推进一格，将完工产品放入成品库，更新后如图 2-34 所示；财务经理在现金流量表中“更新生产/完工入库”1Q 处打钩。

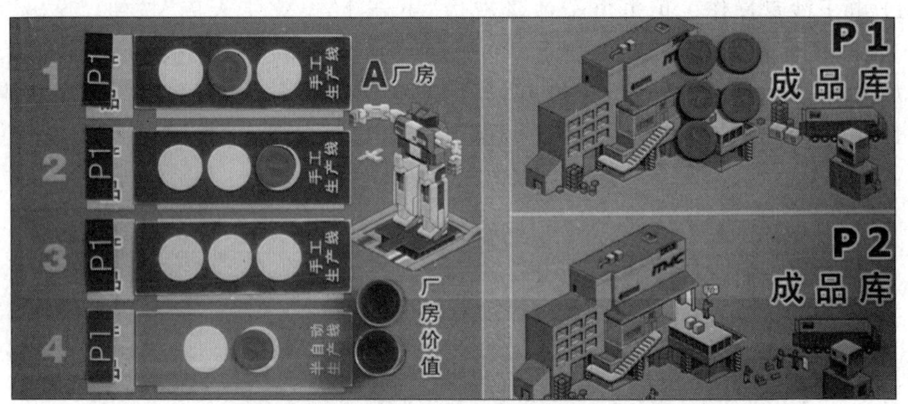

图 2-34 更新生产后 A 厂房盘面情况

11. 购买或调整生产线

为了练习下一步骤的“开始新生产”，本季度不进行变卖、转产和投资新生产线的操作。

(1) 电子沙盘操作。单击电子沙盘右边“购买或调整生产线”按钮，弹出如图 2-35 所示的对话框。单击“规则说明”按钮，熟悉购买和调整生产线的规则，如图 2-36～图 2-39 所示。

(2) 手工沙盘和报表操作。财务经理在现金流量表中“购买或调整生产线”1Q 处打钩。

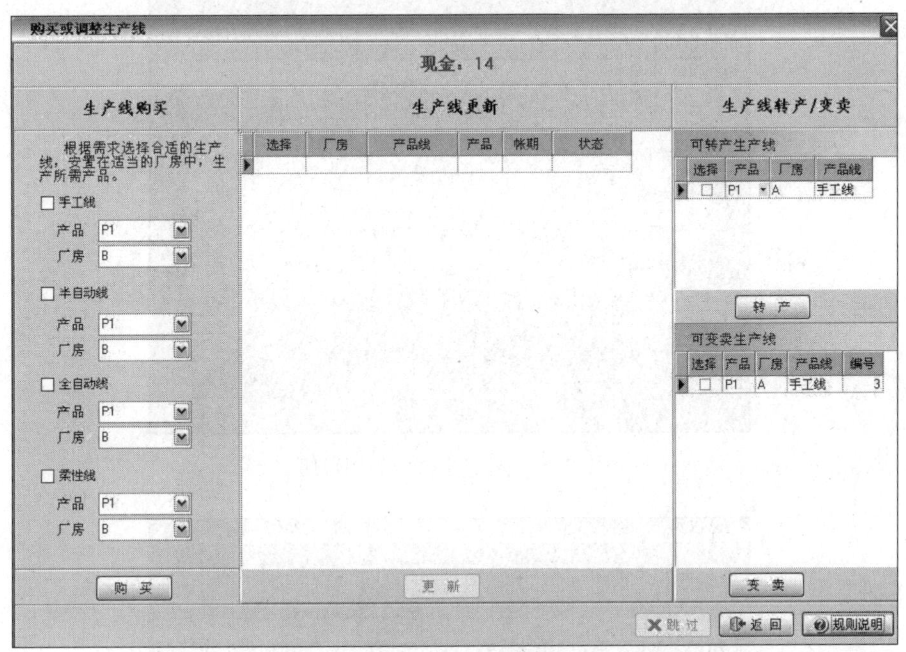

图 2-35　购买或者调整生产线

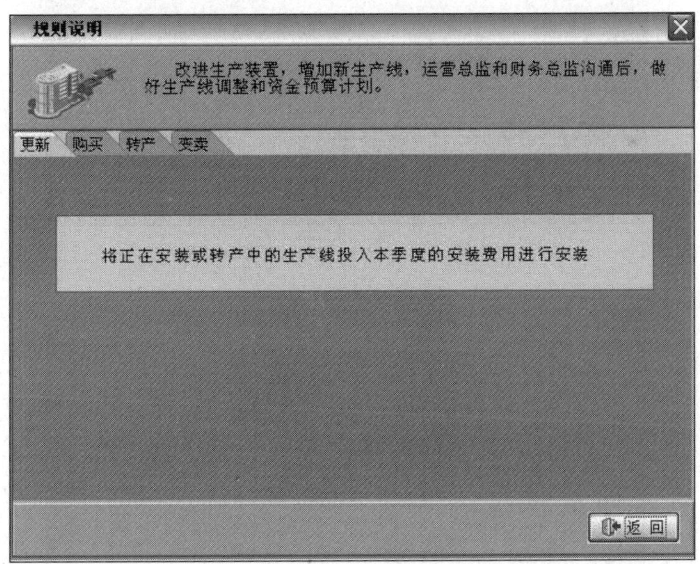

图 2-36　更新生产线规则说明

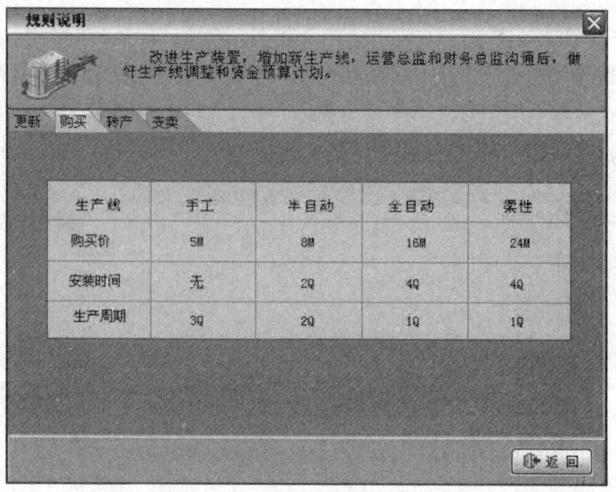

生产线	手工	半自动	全自动	柔性
购买价	5M	8M	16M	24M
安装时间	无	2Q	4Q	4Q
生产周期	3Q	2Q	1Q	1Q

图 2-37　购买生产线规则说明

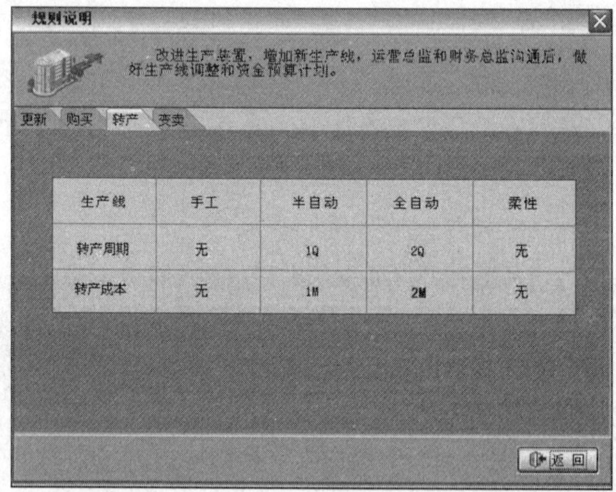

生产线	手工	半自动	全自动	柔性
转产周期	无	1Q	2Q	无
转产成本	无	1M	2M	无

图 2-38　生产线转产规则说明

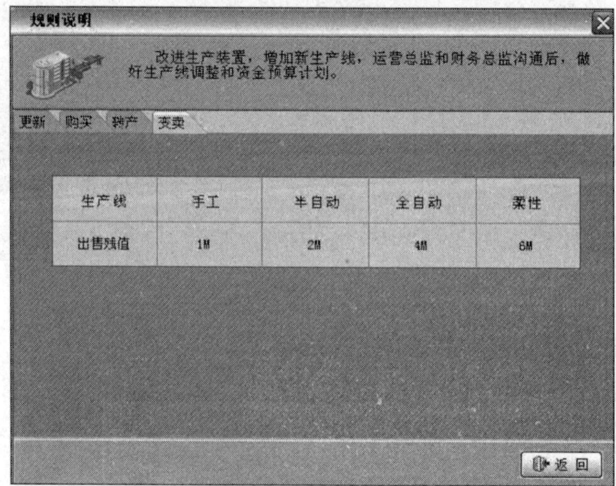

生产线	手工	半自动	全自动	柔性
出售残值	1M	2M	4M	6M

图 2-39　变卖生产线规则说明

12. 开始新的生产

(1) 电子沙盘操作。单击电子沙盘右边“开始新的生产”按钮，弹出如图 2-40 所示的对话框。单击“规则说明”按钮，弹出“规则说明”对话框，如图 2-41 所示。

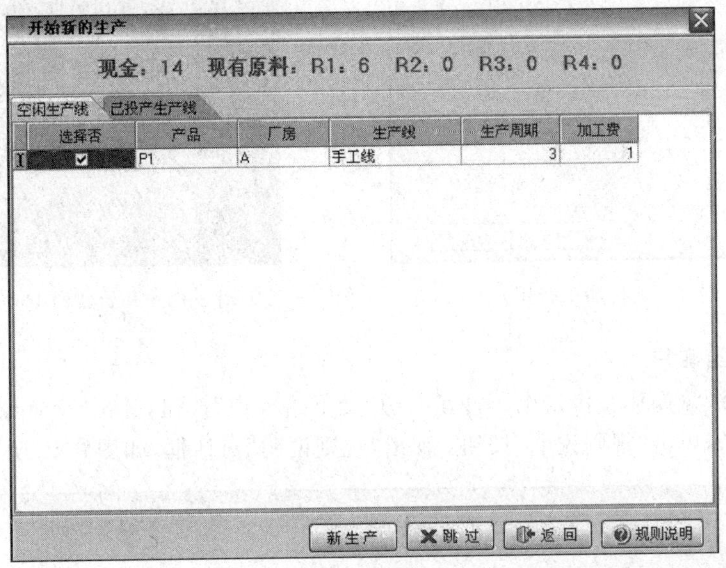

图 2-40 开始新的生产

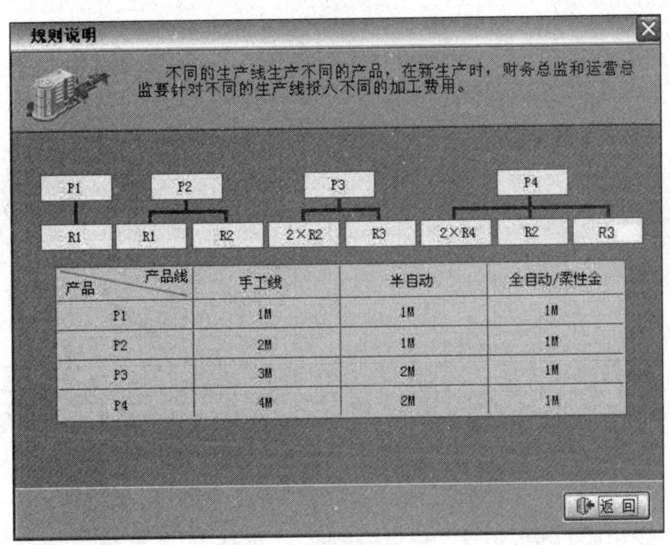

产品 \ 产品线	手工线	半自动	全自动/柔性金
P1	1M	1M	1M
P2	2M	1M	1M
P3	3M	2M	1M
P4	4M	2M	1M

图 2-41 开始新生产规则说明

单击需要开始新生产的生产线，让选择框内显示“√”，单击“新生产”按钮，弹出“支付加工费用”对话框，填入加工费用“1”，如图 2-42 所示，单击“确定”按钮。

(2) 手工沙盘和报表操作。生产经理将原材料库的 R1 材料(红币)和工人工资 1M(蓝币)组合放置在开始新生产的手工线第一格中，如图 2-43 所示，财务经理在现金流量表中“开始下一批生产”1Q 处填写工人工资“－1”。

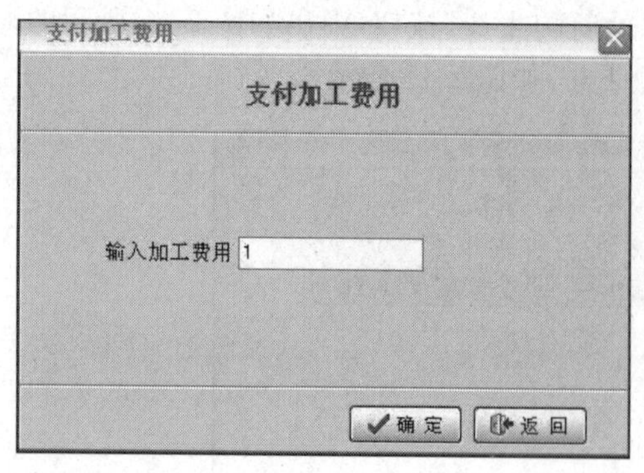

图 2-42 支付加工费用

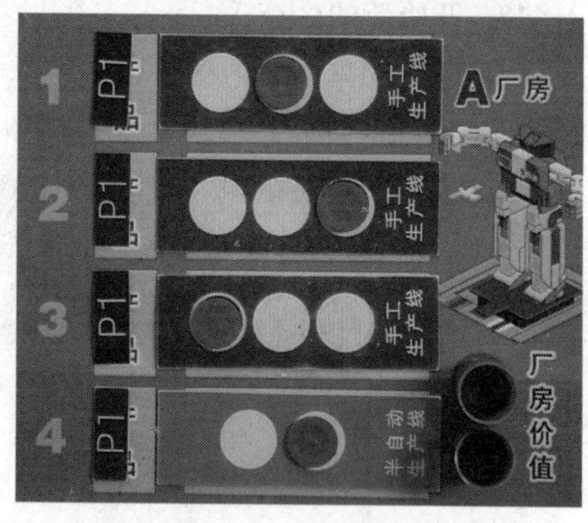

图 2-43 开始新的生产后盘面情况

13. 交货给客户

(1) 电子沙盘操作。单击电子沙盘右边“交货给客户”按钮,弹出“交货给客户”对话框,如图 2-44 所示,单击“规则说明”按钮,弹出“规则说明”对话框,如图 2-45 所示。

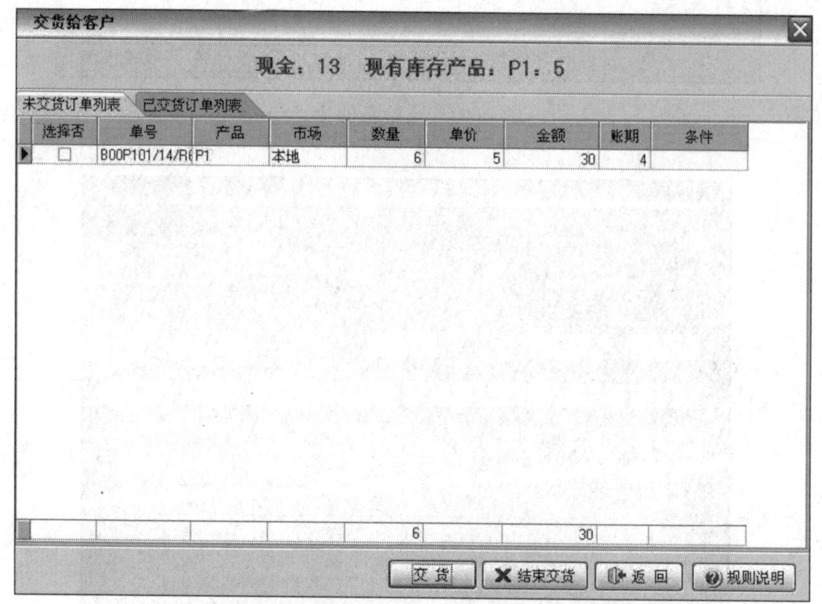

图 2-44 交货给客户

如需交货,选择相应订单,单击“交货”按钮,若无法交货或交货结束依次单击“结束交货”“确定”按钮,如图 2-46 所示。

(2) 手工沙盘和报表操作。生产经理按电子沙盘提交订货的操作,将产品提交到“银行”,领取相应订单的金额,放入对应账期的应收账款中,若是 0 账期的订单,提交后直接放入现金;若被罚款则从现金中提取相应金额放入盘面的“其他”项目中。

财务经理负责在现金流量表“将订单交货给客户”中,按订单款到账季度填写在相应季度的应收账款中,如果是 0 账期,直接登记现金收入数;若被罚款,将罚款金额填写在现金流量表“其他现金收支情况登记(含罚款等)”处。

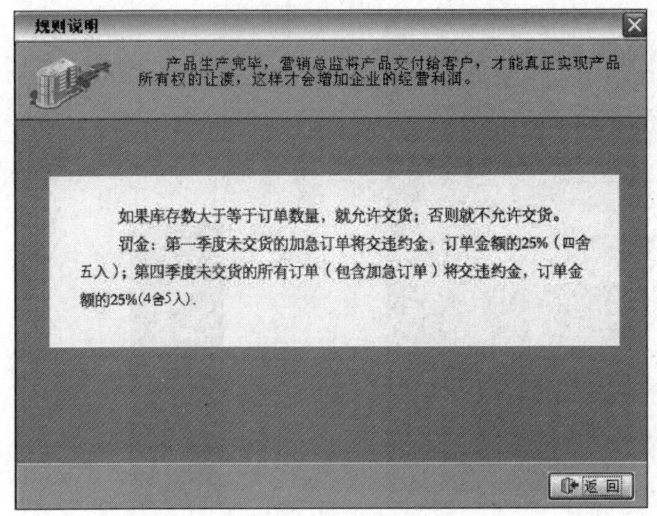

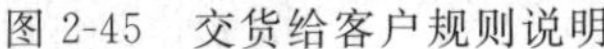
图 2-45　交货给客户规则说明

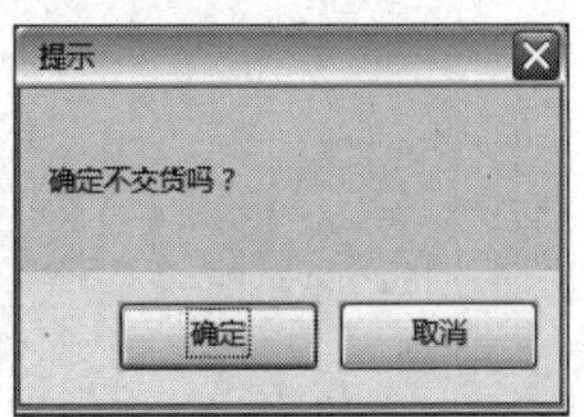

图 2-46　确定不交货

14. 支付行政管理费用

(1) 电子沙盘操作。单击电子沙盘右边“支付行政管理费用”按钮，弹出“支付行政管理费用”对话框，如图 2-47 所示，根据规则每个季度支付 1M 行政管理费，单击“支付”按钮，现金扣减 1M。单击“规则说明”按钮，如图 2-48 所示，阅读规则说明。

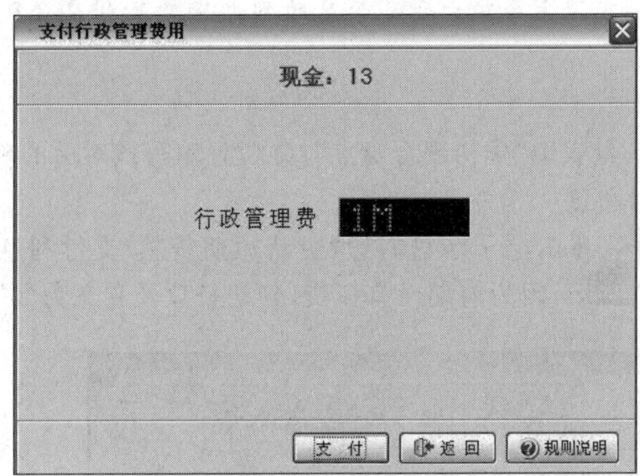

图 2-47　支付行政管理费

熟悉规则后，单击“返回”按钮。

(2) 手工沙盘和报表操作。财务经理负责从现金中提取 1M 蓝币放在盘面的“行政管理费用”上，如图 2-49 所示，并在现金流量表当季“支付行政管理费”填写“－1”。

15. 期末核算

财务经理负责当季度的现金收入、现金支出和期末现金对账；采购经理负责现金流量表的“原材料库存”项目，先盘点原材料库存金额再填入表中；生产经理负责现金流量表的“在制品”项目，先盘点生产线上的在制品，并将其金额填入表中；营销经理负责现金流量表的“产成品库存”项目，先盘点各产品成品库存金额再填入表中；CEO 负责核对各经理的操作情况，如发现有操作错误要及时更正。

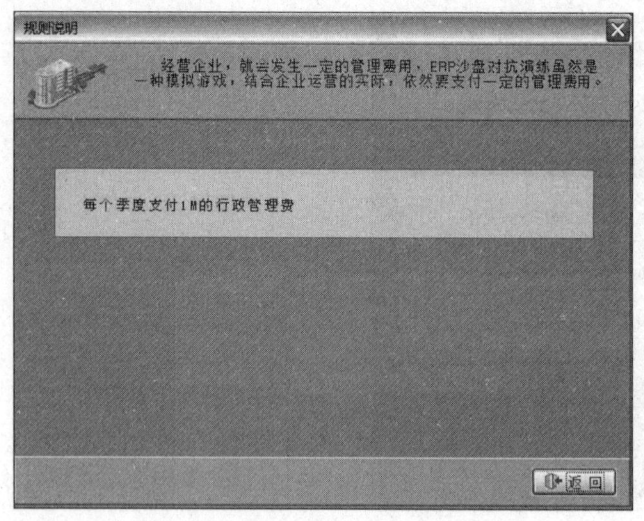

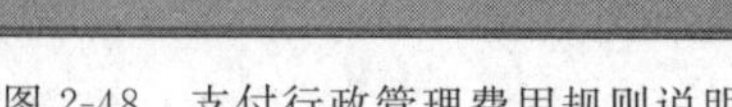

图 2-48　支付行政管理费用规则说明

图 2-49　支付行政管理费用摆盘

注意：为了方便对账，原材料库存、在制品和产成品库存应该填入其价值。

二、第二季度

特别注意：在进入下一季度前，先单击本季度的“更新短期贷款/支付利息/获得新的贷款”按钮，确定本季度期末现金余额大于下季度的到期贷款及利息金额，确保不会因为误操作而使企业资金断流。

1. 季初现金盘点

财务经理在现金流量表中“季初现金盘点”2Q位置填写核对后的现金数。

2. 短期贷款/支付利息

(1) 电子沙盘操作。单击电子沙盘右边“更新短期贷款/支付利息/获得新的贷款”，弹出其对话框，如图 2-50 所示，因为前期没有短贷，到期贷款及利息为“0”，单击“确认”按钮。

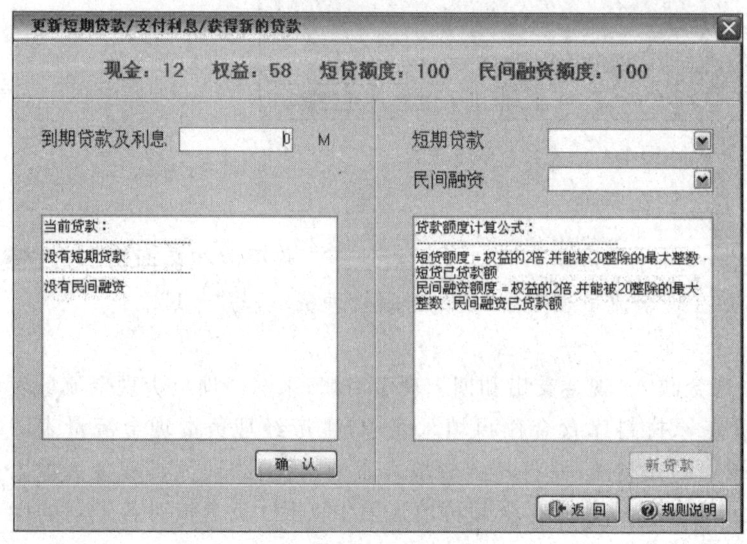

图 2-50　更新第二季度短期贷款

沙盘微课堂-基本操作(2)

完成确认到期贷款及利息后，“新贷款”按钮显亮色，在短期贷款下拉框选“20”，如图 2-51 所示，单击“新贷款”按钮，弹出“提示”对话框，如图 2-52 所示，单击“确定”按钮，现金增加 20M，如图 2-53 所示。

图 2-51　增加 20M 短期贷款

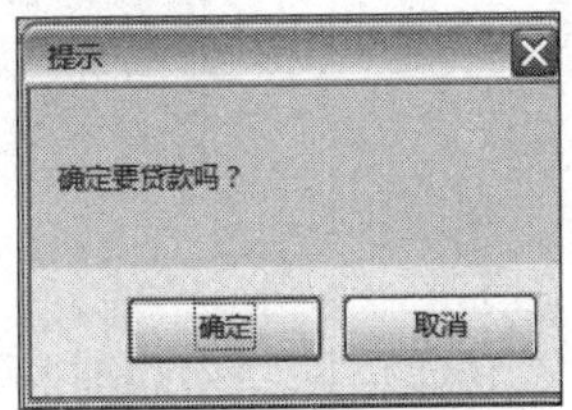

图 2-52　确定贷款

如果需要继续贷款，重复以上操作，如果不需要继续贷款，单击“返回”按钮。

(2) 手工沙盘和报表操作。财务经理到银行取“20M”现金放置在现金库，同时取一个空桶(对应 20M)放置在短期贷款第四季度处，如图 2-54 所示，并在“现金流量表”处填写 2Q 新贷款“20”。

图 2-53　贷款后现金金额变动情况

图 2-54　贷款后盘面情况

3. 更新应收款/归还应付款

(1) 电子沙盘操作。单击电子沙盘右边“更新应收款/更新应付款”按钮，弹出“更新应收款/更新应付款”对话框，因为没有到期的应付款或应收款，金额为“0”，单击“确认”按钮，如图 2-55 所示。

贴现操作可以在任何步骤进行，但建议尽量不要进行贴现操作，因为贴现利息高，而且会被扣分。

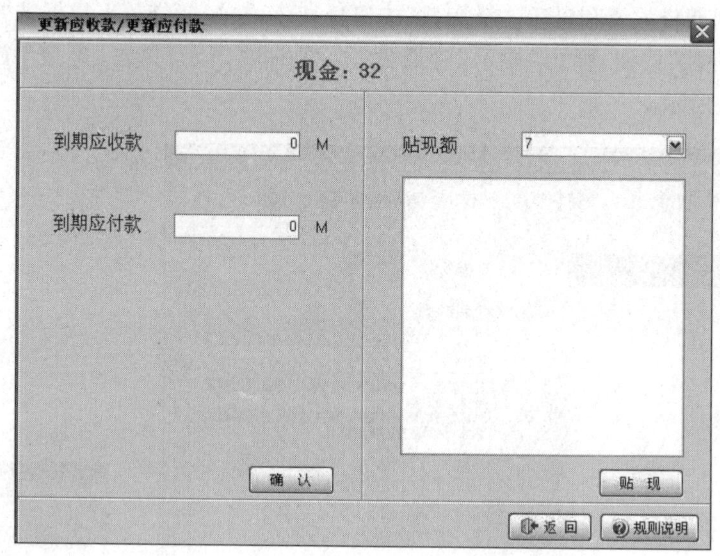

图 2-55 第二季度更新应收款

（2）手工沙盘和报表操作。财务经理把应收账款和应付账款向前推进一格，如图 2-56 所示。

4. 接受并支付已订的货物

（1）电子沙盘操作。单击电子沙盘右边“接受并支付已订的货物”按钮，弹出“接受并支付已订的货物”对话框，如图 2-57 所示，单击“接收”按钮，输入“1”M，单击“确定”按钮，再单击“返回”按钮。

图 2-56 更新应收款后盘面情况

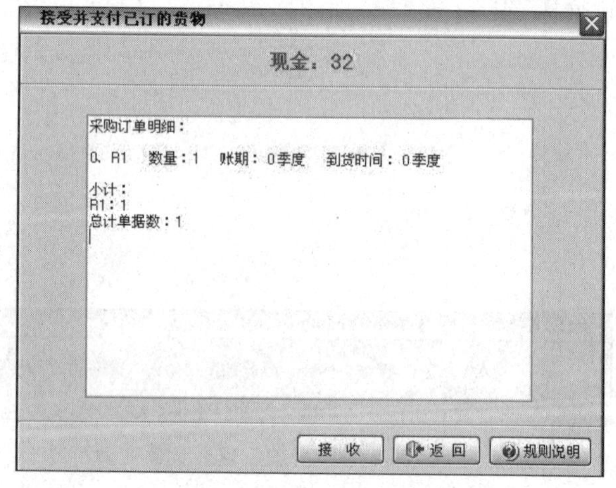

图 2-57 第二季度接收材料

（2）手工沙盘和报表操作。采购经理负责更新已订原材料，并通知财务经理付款，财务经理负责登记现金流量表。

5. 下原料订单

（1）电子沙盘操作。单击电子沙盘右边“下原材料订单”按钮，弹出“下原材料订单”对话框，由于现在原材料库存较多，不订购原材料，单击“跳过”按钮，弹出“提示”对话框，如

图 2-58 所示，单击“确定”按钮，再单击“返回”按钮。

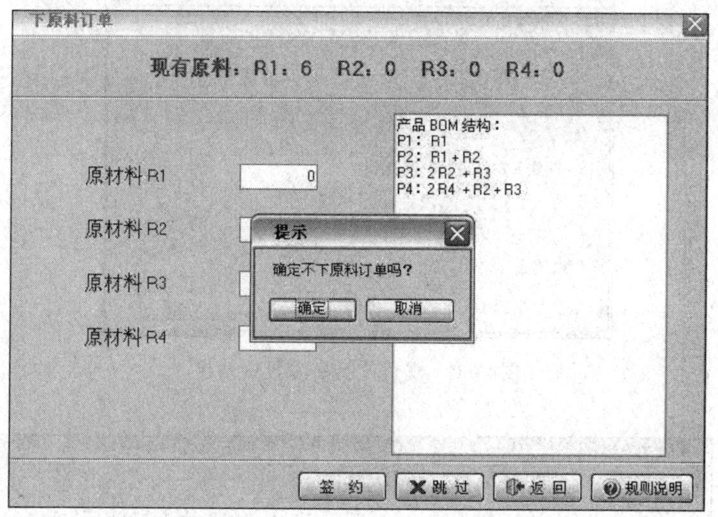

图 2-58　第二季度不下材料订单

（2）手工沙盘和报表操作。无须操作。

6. 产品研发投资

（1）电子沙盘操作。单击电子沙盘右边“产品研发投资”按钮，弹出“产品研发投资”对话框，如图 2-59 所示，继续选择研发 P2 产品，单击“研发”按钮，如图 2-60 所示，单击“确定”按钮，再单击“返回”按钮。如果不研发产品，依次单击“跳过”“返回”按钮。

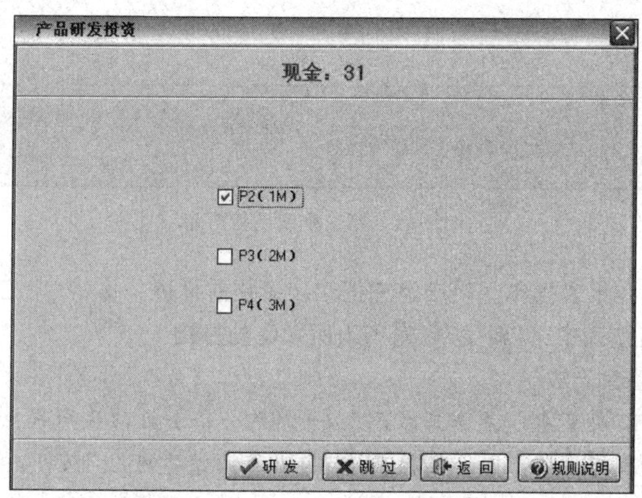

图 2-59　第二季度产品研发投资

（2）手工沙盘和报表操作。生产经理确认继续研发 P2，通知财务经理把“1M”现金放到产品研发费 P2 的第二格，财务经理在现金流量表中做好记录。

7. 更新生产/完工入库

（1）电子沙盘操作。单击电子沙盘右边“更新生产/完工入库”按钮，弹出“更新生产/完工入库”对话框，如图 2-61 所示，依次单击“更新”“返回”按钮。

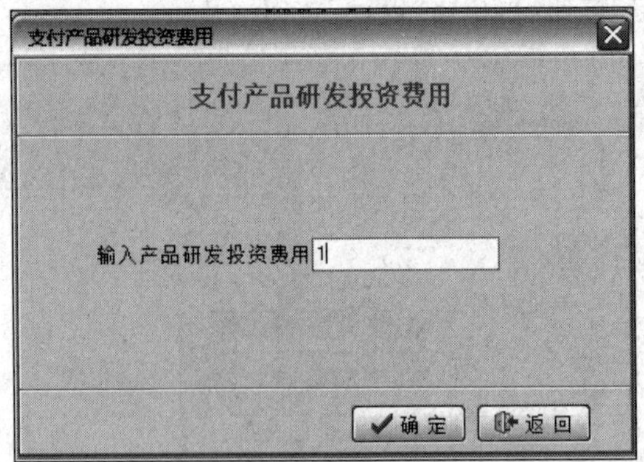

图 2-60　支付产品研发投资费用

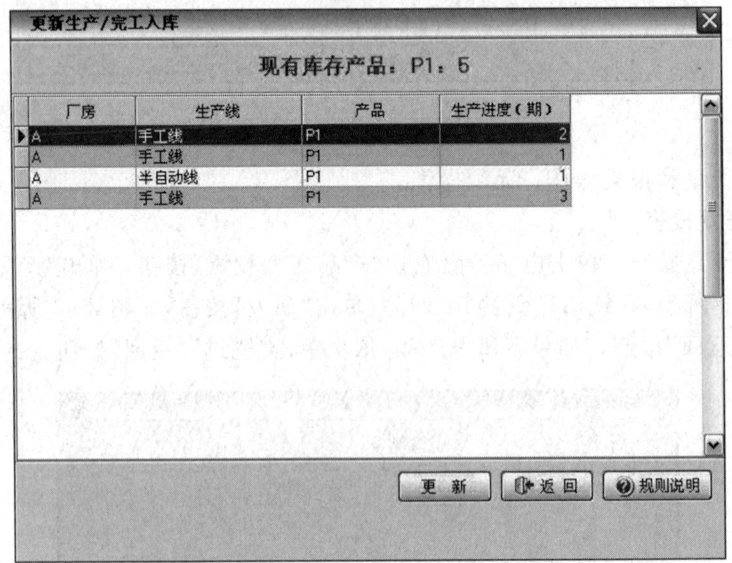

图 2-61　第二季度更新产品

(2) 手工沙盘和报表操作。生产经理把在产品往前推进一格，将完工产品放入成品仓；财务经理在现金流量表中“更新生产/完工入库”2Q 处打钩。

8. 购买或调整生产线

注意：本季度需要变卖一条手工生产线，并新购一条全自动生产线生产 P2。

(1) 电子沙盘操作。单击电子沙盘右边“购买或调整生产线”按钮，弹出“生产线更新”对话框，如有新购生产线，单击“更新”按钮。

① 生产线转产。如需要转产，在对话框的右上角选择需要转产的生产线，在“产品”栏选择已经研发成功并计划生产的产品，单击“转产”按钮，本季度不进行转产操作。

② 变卖生产线操作。在对话框右下角，在生产 P1 的手工线(编号为 2)，如图 2-62 所示，单击“变卖”按钮，弹出“提示”对话框，如图 2-63 所示，单击“是”按钮，弹出如图 2-64 所示对话框，输入变卖生产线的收入“1”、本季度折旧值“1”和固定资产清理值“1”，单击“确定”按钮，生产线变卖成功。

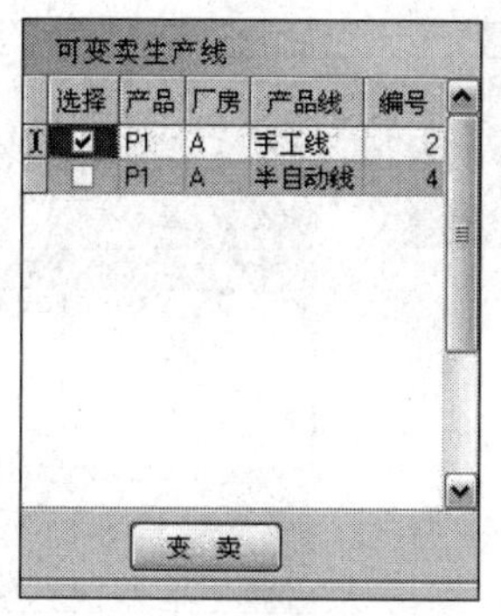

图 2-62　第二季度出售手工线

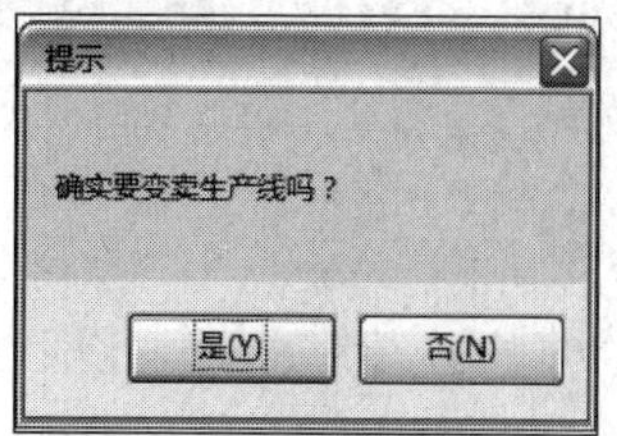

图 2-63　确定变卖生产线

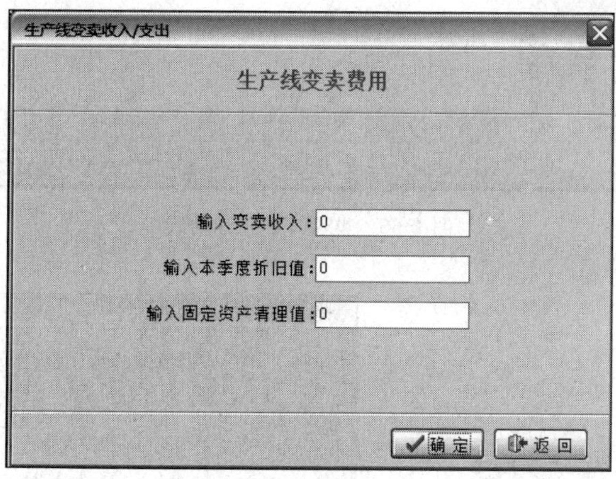

图 2-64　生产线变卖费用

③ 生产线购买。在对话框的左边，选择“全自动生产线”，在产品下拉框中选择产品“P2”，选择“A 厂房”，如图 2-65 所示，单击“购买”按钮，弹出如图 2-66 所示对话框，单击“是”按钮，弹出对话框，输入金额“4”M，如图 2-67 所示，单击“确定”按钮，弹出如图 2-68 所示提示框，单击“OK”按钮。

（2）手工沙盘和报表操作。

① 生产线转产操作。本季度不进行转产操作，如需要转产，手工线和柔性线可以随时转产，转产时半自动和全自动生产线需要停产，将生产线反面朝上和支付转产费。

② 变卖生产线操作。变卖手工生产线，生产经理首先按照这条手工线生产线价值 2M 计提折旧，从设备价值区取 1M 折旧费用放置在综合管理费用折旧上，剩余的 1M 放置在固定资产清理，计入营业外支出；生产经理把空置的手工线卖给银行，换到相当于设备残值的现金 1M，计入营业外收入。

③ 生产线购买。生产经理去银行取全自动生产线一条和 P2 产品标识一个，生产线背面朝上放置在 A 厂房，表明生产线还不能生产，同时从现金库取 4M 现金放置在对应设备的价值区。每个季度更新时，放置相应的现金到生产线，安装完毕，将全部现金放置到设备价值区对应生产线编号上。

财务经理根据上面的操作做好现金收付工作和登记现金流量表。

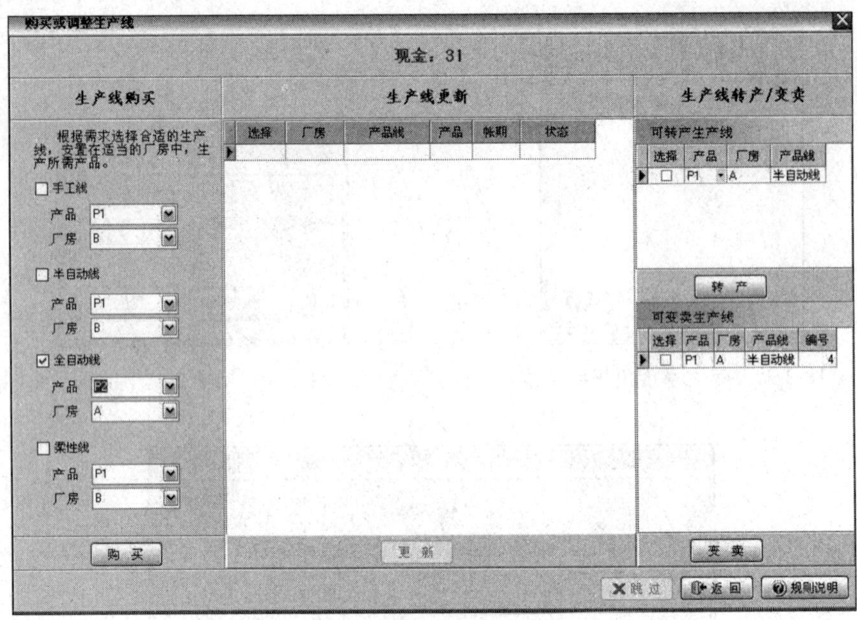

图 2-65 购买 P2 全自动线

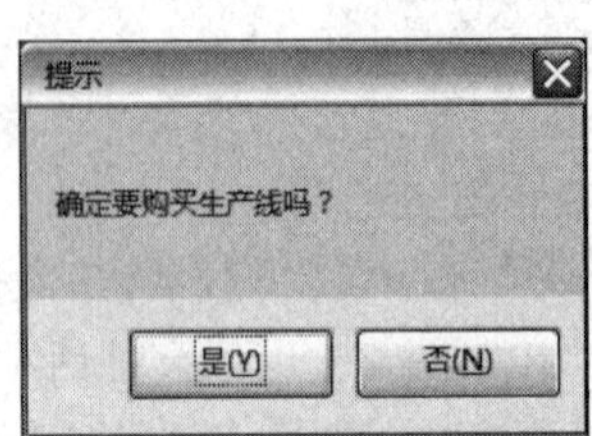

图 2-66 确定购买生产线

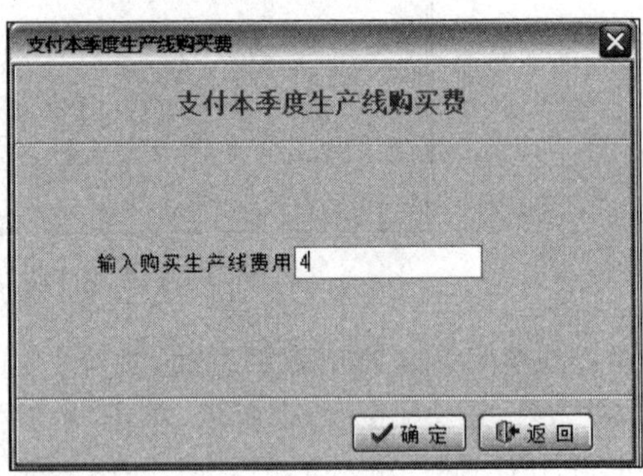

图 2-67 支付本季度生产线购买费

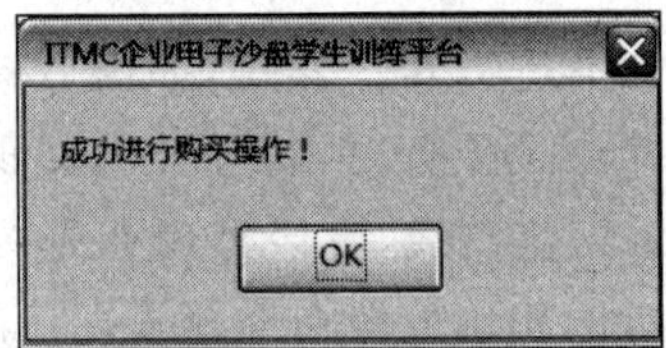

图 2-68 成功购买生产线

9. 开始新的生产

(1) 电子沙盘操作。单击电子沙盘右边的“开始新的生产”按钮，弹出“开始新的生产”对话框，选择需要开始新生产的半自动生产线，如图 2-69 所示，单击“新生产”按钮，弹出如图 2-70 所示对话框，输入加工费用，单击“确定”按钮，再单击“返回”按钮。

(2) 手工沙盘和报表操作。生产经理将 R1 材料和工人工资 1M 组合放置在开始新生

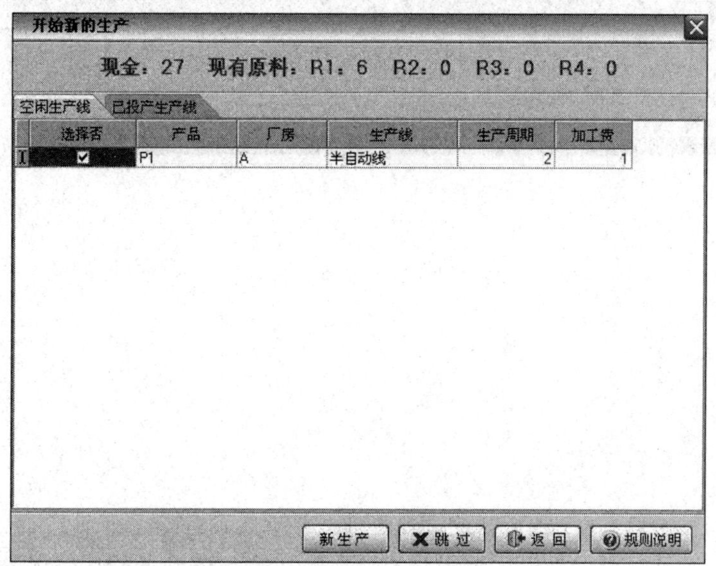

图 2-69 开始第二季度生产

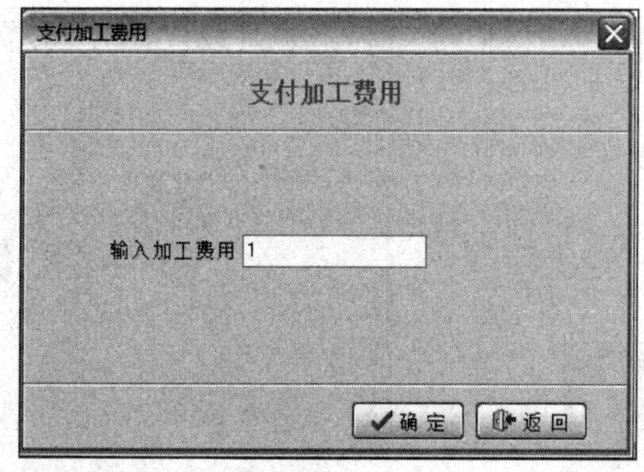

图 2-70 支付加工费用

产的半自动线第一格中，财务经理在现金流量表做好记录。

10. 交货给客户

(1) 电子沙盘操作。单击电子沙盘右边“交货给客户”按钮，弹出其对话框，若需交货，选择相应订单，如图 2-71 所示，单击“交货”按钮，弹出如图 2-72 所示提示框，单击“OK”按钮；若无法交货或交货完成则依次单击“结束交货”“确定”按钮。

(2) 手工沙盘和报表操作。根据操作内容按照第一季度的操作方式进行操作。

11. 支付行政管理费用

(1) 电子沙盘操作。单击电子沙盘右边“支付行政管理费用”按钮，弹出其对话框，如图 2-73 所示，依次单击“支付”“返回”按钮。

(2) 手工沙盘和报表操作。财务经理从现金中提取 1M 蓝币放在盘面的“行政管理费用”上，并在现金流量表当季“支付行政管理费”填写“－1”。

12. 期末核算

各部门经理按第一季度操作内容进行。

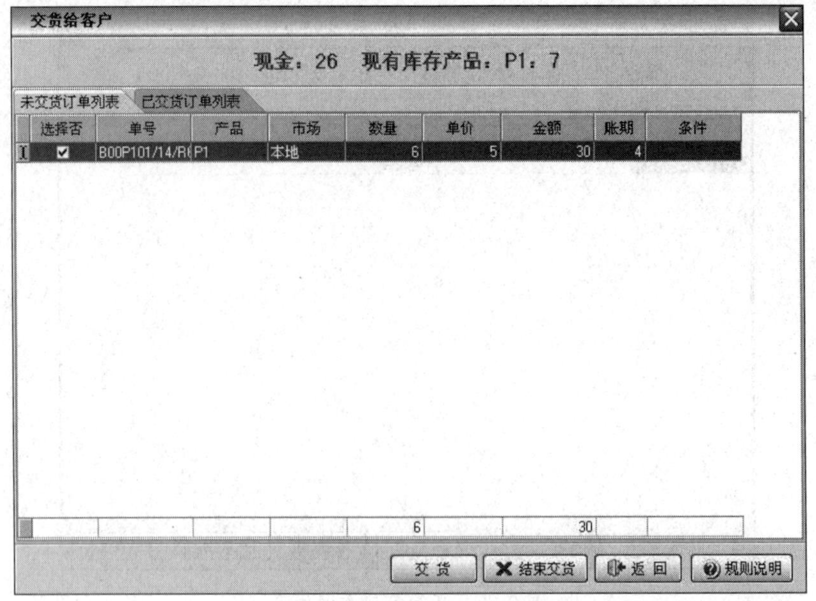

图 2-71 第二季度交货

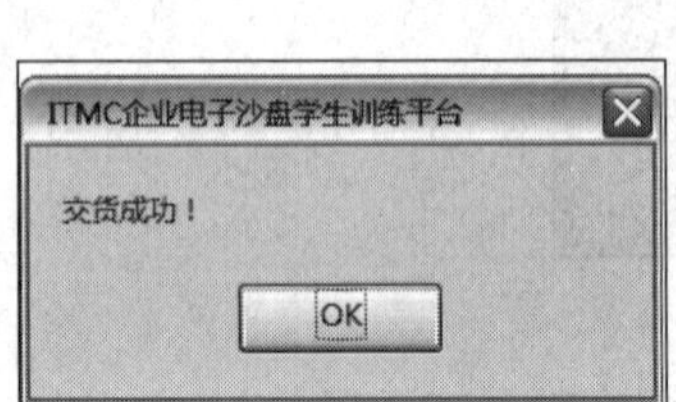

图 2-72 第二季度交货成功

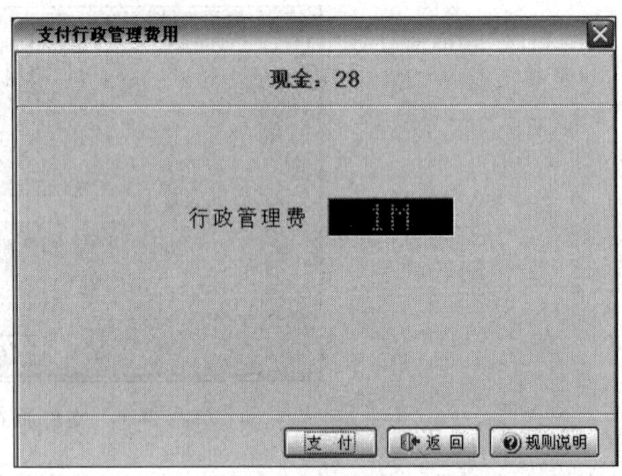

图 2-73 支付第二季度行政管理费

三、第三季度

各公司可按照前两季度的操作自行进行练习。

四、第四季度

沙盘微课堂-基本操作(3)

1. 支付行政管理费用前的项目

各公司可以自行操作支付行政管理费用前的项目。

2. 长期贷款

(1) 电子沙盘操作。单击电子沙盘右边的“长期贷款”按钮，弹出“长期贷款”对话框，输入到期贷款及利息“4”M，单击“确认”按钮，如图 2-74 所示，如需长期贷款，则点击长期贷款的下拉框，选择需要贷款的金额，再单击“新贷款”按钮。单击“规则说明”按钮，如图 2-75 所示。

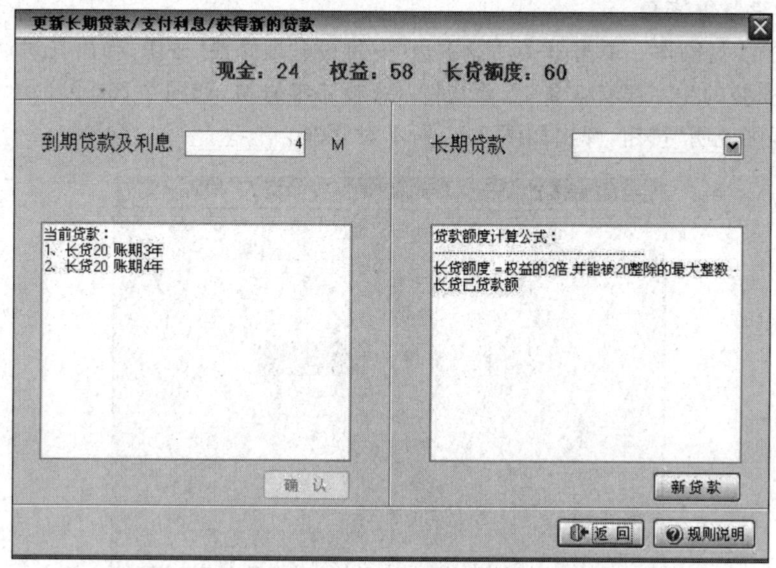

图 2-74　支付长期贷款利息

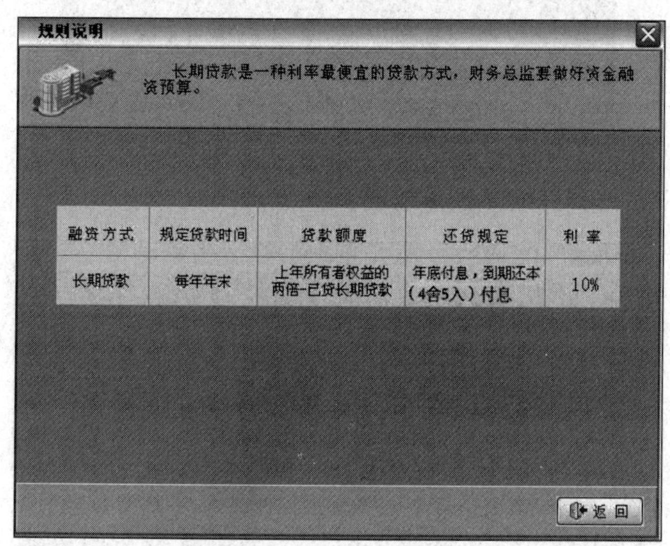

图 2-75　支付长期贷款利息规则说明

熟悉规则后，单击“返回”按钮到长期贷款对话框，再单击“返回”按钮。

(2) 手工沙盘和报表操作。财务经理进行如下操作。

① 支付该年需返还的长贷利息或本息，若是该年只有长贷利息，直接取现金放置在盘面的“利息”项目中，若该年需要偿还本息，将利息放置在盘面的“利息”项目中，本金返还到“银行”。

② 如果需要进行长期贷款，从银行取相应现金放入现金库，同时取对应的空桶(每 20M 一个)放置到盘面上长期贷款第 6 年处。

③ 在现金流量表“支付利息/更新长期贷款/申请长期贷款”处填写相应金额。

3. 支付设备维修费

(1) 电子沙盘操作。单击电子沙盘右边“支付设备维修费”按钮，弹出其对话框，因为现有已经完成安装的生产线有 3 条，需要支付 3M 设备维修费，如图 2-76 所示，单击“支付”按钮。单击“规则说明”按钮，弹出如图 2-77 所示对话框。

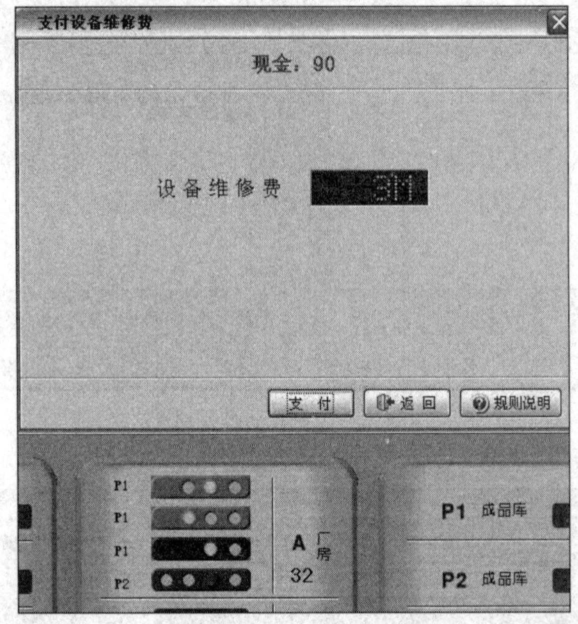

图 2-76 支付设备维修费

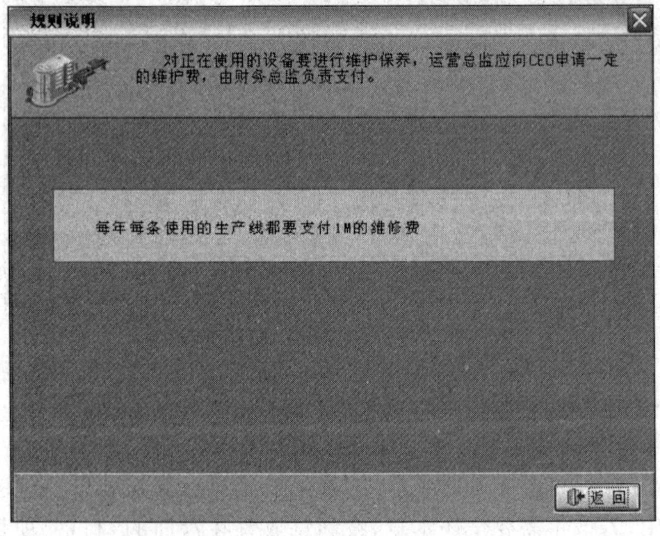

图 2-77 支付设备维修费规则

熟悉规则后，先单击“返回”按钮，再单击“返回”按钮。

(2) 手工沙盘和报表操作。财务经理从现金中取出对应的维修费用放置在盘面的“维护”中，并在现金流量表“支付设备维修费”处填写相应金额。

4. 购买(或租赁)厂房

(1) 电子沙盘操作。单击电子沙盘右边“购买(或租赁)厂房”按钮，弹出“购买(或租赁)厂房”对话框，如图 2-78 所示，A 厂房自有，不需要购买和支付租金，如果使用 B、C 厂房，需要确定购买或租赁，选择后，单击“提交”按钮；如果不需要支付购买费用和租金，则选择“跳过”选项。单击“规则说明”按钮，弹出“规则说明”对话框，如图 2-79 所示。

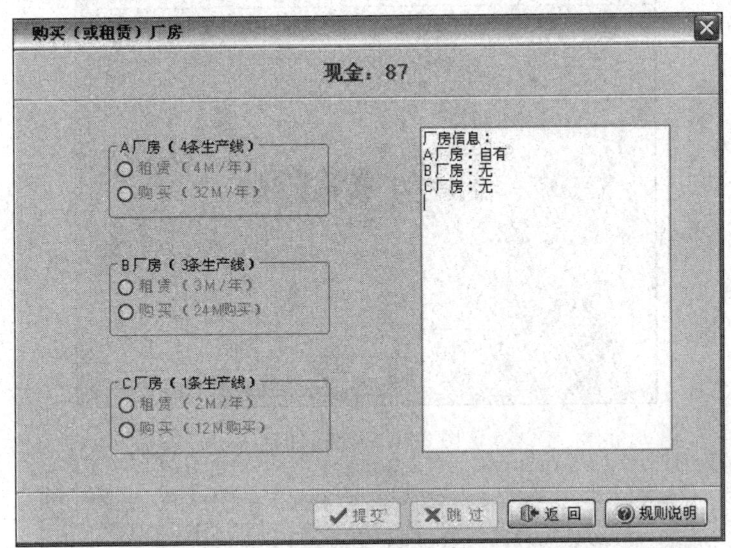

图 2-78　购买(或租赁)厂房

规则说明

财务总监充分利用企业的资源，实现资源配置的最大优化。

厂房	A厂房	B厂房	C厂房
价值	32M	24M	12M
租金／年	4M	3M	2M
售价	32M	24M	12M
生产线	4条	3条	1条

返回

图 2-79　购买(或租赁)厂房规则说明

(2) 手工沙盘和报表操作。生产经理负责通知财务经理将租赁的费用放入盘面的“租金”项目中；如需购置 B、C 厂房，通知财务经理现金中提取相应购置费用放置在厂房价值区。财务经理在现金流量表“支付租金/购买厂房”处填写相应金额。

5. 计提折旧

(1) 电子沙盘操作。单击电子沙盘右边“折旧”按钮,弹出“折旧”对话框,如图 2-80 所示,根据要求,需要计提 3M 折旧,单击“提交”按钮。熟悉规则需单击“规则说明”按钮,弹出“规则说明”对话框,如图 2-81 所示。

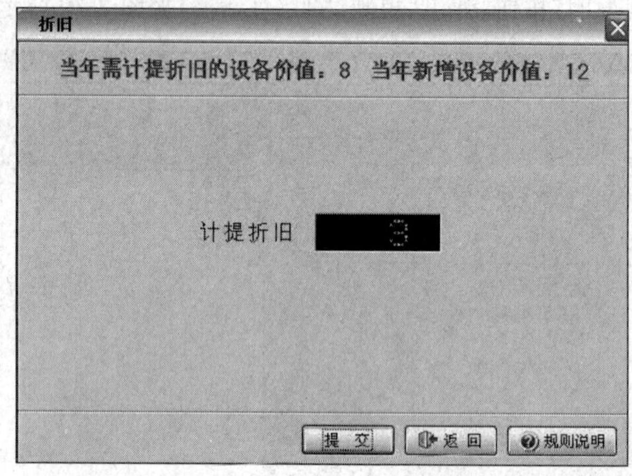

图 2-80 设备折旧

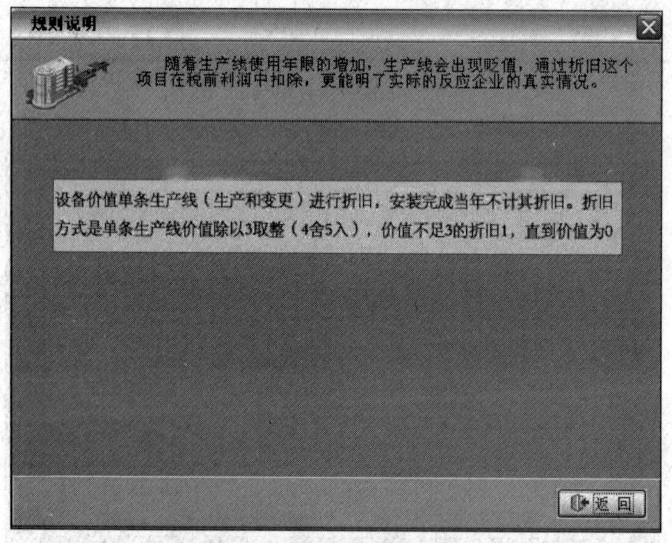

图 2-81 设备折旧规则说明

熟悉规则后单击“返回”按钮,再单击“返回”按钮。

(2) 手工沙盘和报表操作。生产经理将设备价值区中需折旧的生产线提取出相应折旧额度放置在盘面的“折旧”上。财务经理在利润表的“计提折旧”处填写相应金额。折旧扣除的是生产线的设备价值,不影响当前现金。

6. 市场开拓/ISO 资格认证

(1) 电子沙盘操作。单击电子沙盘右边“新市场开拓投资/ISO 资格认证投资”按钮,弹出其对话框,如图 2-82 所示,选择需要开拓的市场和 ISO 认证,单击“投资”按钮,输入市场开发和认证费,如图 2-83 所示,单击“规则说明”按钮,弹出“规则说明”对话框,如图 2-84 所示。

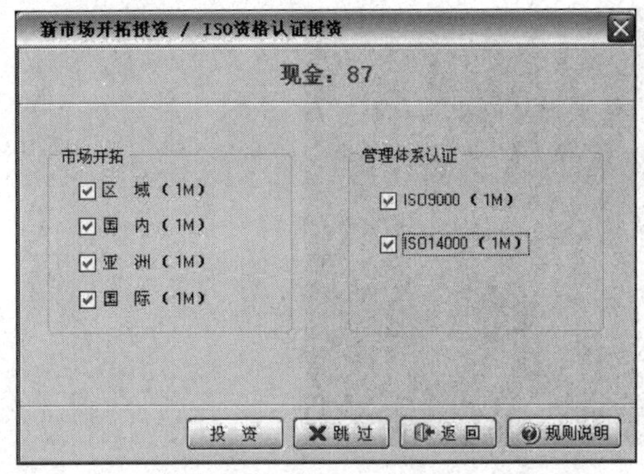

图 2-82　市场开拓以及 ISO 认证

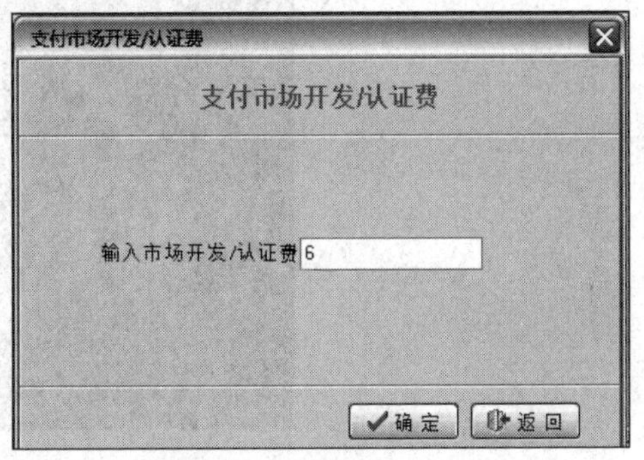

图 2-83　支付市场开发和认证费

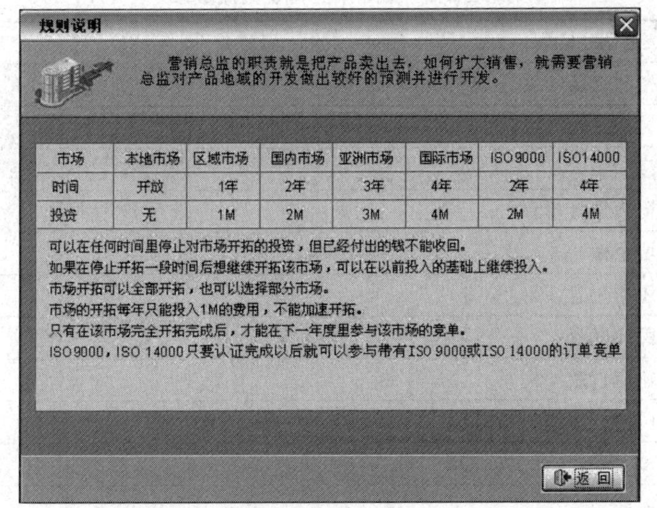

图 2-84　市场开拓以及 ISO 认证规则说明

熟悉规则后，单击“返回”按钮，再单击“返回”按钮。

(2) 手工沙盘和报表操作。营销经理提交投资方案后，将投资金额从现金中提取放置在盘面相应的市场开拓或 ISO 资格认证费用中，如图 2-85 所示。财务经理在现金流量表“市场开拓/ISO 资格认证”处填写相应金额。

7. 期末核算

按第一季度本项操作内容进行。

8. 关账

财务报表、盘面摆置核对无误后关账，财务经理在现金流量表“结账”处打钩，表示当年操作结束。

注意：*关账前，一定要先单击本季度的“短期贷款/支付利息”按钮，确保现金足够支付广告费用和下季度需要偿还的短期贷款本金和利息。*

表 2-5 是第 0 年经营现金流量表，请学员根据经营情况与表 2-3 进行核对。

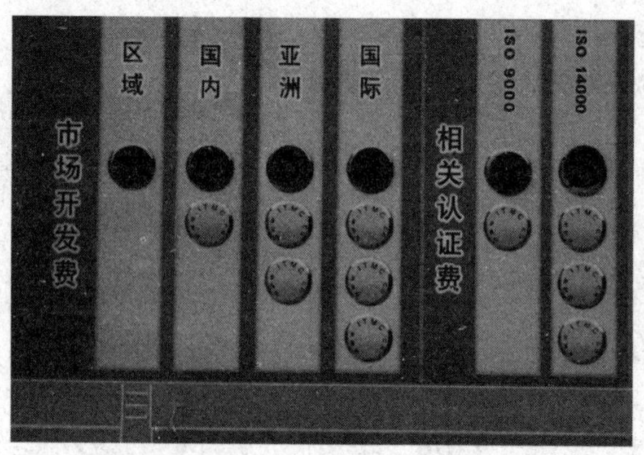

图 2-85　市场开拓和 ISO 认证

表 2-5　第 0 年经营现金流量表

经营步骤	1Q	2Q	3Q	4Q
新年度规划会议、制订新年度计划				
支付应付税				
投放广告				
参加订货会/登记销售订单				
季初现金盘点(填余额)				
更新短期贷款/还本付息				
申请短期贷款(民间融资)				
更新应收款/归还应付款				
支付并接受已订货物/下原材料订单				
产品研发投资				
更新生产/完工入库				
生产线转产				
变卖生产线				
购买生产线				
开始下一批生产				
按订单交货给客户/交违约金				
支付行政管理费				
支付利息/更新长期贷款				
申请长期贷款				
支付设备维修费				
支付租金/购买厂房				
计提折旧				
新市场开拓/ISO 资格认证投资				
关账				
现金收入合计				

续表

经营步骤		1Q	2Q	3Q	4Q
现金支出合计					
期末现金对账(计算余额)					
期末盘点	期末现金对账(填盘面余额)				
	原材料库存(采购经理填写)				
	在制品(生产经理填写)				
	产成品库存(营销经理填写)				

注意：

(1) 第一季度的季初现金盘点余额为上一年度的第四季度的期末现金余额扣除已支付的广告费用和上缴的税费后的数额。以后各季期初现金盘点金额为上一季度末的现金金额。

(2) 期末现金余额：季初现金盘点＋本季现金收入合计－本季现金支出合计。

训练篇　基本方法、经营策略和分析工具

训练情境一　实训第一年经营

企业要生存和发展必须先对企业的外部环境和内部条件进行分析，并在年初制定经营战略规划来指导企业的经营。正如《礼记·中庸》中所说："凡事预则立，不预则废。"意思是说，不论做什么事，事先要有准备、有计划，方能成功，不然就容易失败。通过制定年初经营战略规划，让大家学会打有准备之仗。

在企业经营沙盘模拟训练中，很多团队在年初讨论经营战略规划的时候，讨论得非常热烈，但最后也只制订了广告计划方案，或者只有每个角色孤立的计划，当正式经营的时候发现销售部门与生产部门、生产部门与采购部门、财务部门和其他部门的计划不配合，计划难以实施，所以需要通过制订企业的总体经营战略规划。企业经营战略规划只有按照一定的流程进行制定，才能真正用于指导企业经营。企业经营战略规划的制定流程如图 3-1 所示。

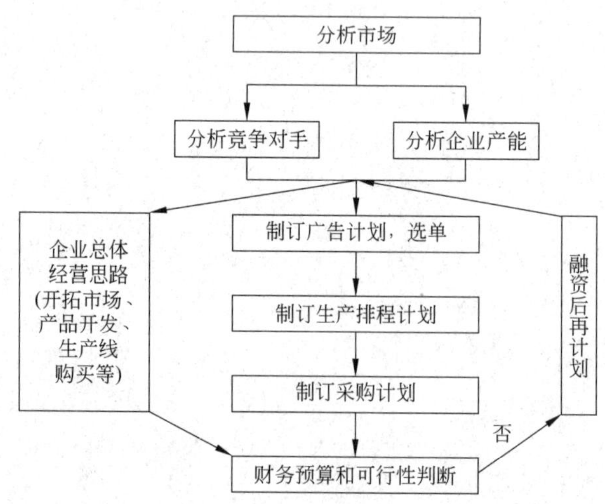

图 3-1　企业经营战略规划制定的流程图

本训练情境的任务主要是掌握市场分析、竞争对手分析、制订广告计划和选择订单的方法和策略。

任务一　分析市场环境

沙盘微课堂-分析市场环境

【知识目标】

✧ 掌握市场分析和定位的基本方法。

【能力目标】

✧ 能依据市场预测图对各市场进行分析。

【任务引入】

请各团队完成如下任务：单击电子沙盘右边的“经营分析”按钮，选择“市场预测 ”，查看市场预测图表，并分析第 1～第 6 年各细分市场的需求数量、单价和单位毛利，填入表 3-1～表 3-6 中。

表 3-1　第 1 年市场分析表

产品	分析项目	本地	合计
P1	需求数量(个)		
	单价(M)		—
	单位毛利(M)		—

表 3-2　第 2 年市场分析表

产品	分析项目	本地	区域	合计
P1	需求数量(个)			
	单价(M)			—
	单位毛利(M)			—
P2	需求数量(个)			
	单价(M)			—
	单位毛利(M)			—
P3	需求数量(个)			
	单价(M)			—
	单位毛利(M)			—

表 3-3　第 3 年市场分析表

产品	分析项目	本地	区域	国内	合计
P1	需求数量(个)				
	单价(M)				—
	单位毛利(M)				—
P2	需求数量(个)				
	单价(M)				—
	单位毛利(M)				—

续表

产品	分析项目	本地	区域	国内	合计
P3	需求数量(个)				
	单价(M)				—
	单位毛利(M)				—
P4	需求数量(个)				
	单价(M)				—
	单位毛利(M)				—

表 3-4　第 4 年市场分析表

产品	分析项目	本地	区域	国内	亚洲	合计
P1	需求数量(个)					
	单价(M)					—
	单位毛利(M)					—
P2	需求数量(个)					
	单价(M)					—
	单位毛利(M)					—
P3	需求数量(个)					
	单价(M)					—
	单位毛利(M)					—
P4	需求数量(个)					
	单价(M)					—
	单位毛利(M)					—

表 3-5　第 5 年市场分析表

产品	分析项目	本地	区域	国内	亚洲	国际	合计
P1	需求数量(个)						
	单价(M)						—
	单位毛利(M)						—
P2	需求数量(个)						
	单价(M)						—
	单位毛利(M)						—
P3	需求数量(个)						
	单价(M)						—
	单位毛利(M)						—
P4	需求数量(个)						
	单价(M)						—
	单位毛利(M)						—

表 3-6　第 6 年市场分析表

产品	分析项目	本地	区域	国内	亚洲	国际	合计
P1	需求数量(个)						
	单价(M)						—
	单位毛利(M)						—
P2	需求数量(个)						
	单价(M)						—
	单位毛利(M)						—
P3	需求数量(个)						
	单价(M)						—
	单位毛利(M)						—
P4	需求数量(个)						
	单价(M)						—
	单位毛利(M)						—

注：合计列只需要合计需求数量。

团队的分析结论(各产品的价格走势和需求量的趋势)：

知识链接

新管理层上任之后，对市场未来的发展趋势应当有所了解，因为这将影响企业未来的战略规划和运作管理。在企业经营沙盘模拟训练中，市场细分如表 3-7 所示。

表 3-7　企业经营沙盘市场细分

产品	本地	区域	国内	亚洲	国际
P1	本地 P1	区域 P1	国内 P1	亚洲 P1	国际 P1
P2	本地 P2	区域 P2	国内 P2	亚洲 P2	国际 P2
P3	本地 P3	区域 P3	国内 P3	亚洲 P3	国际 P3
P4	本地 P4	区域 P4	国内 P4	亚洲 P4	国际 P4

在设定区域初始化状态的时候，为了保证在企业经营沙盘中竞争的公平性，会根据不同的组数给出统一的市场预测图表，市场预测的图表包括了每年度在不同细分市场不同产品的需求和价格。这些预测来自于一家业内公认的市场调研咨询公司，它针对市场发展前景的预测有着较高的可信度。因此在企业经营沙盘中，需要能看懂给定的市场需求预测图并对其进行深入的分析。图 3-2 所示为 ITMC 电子沙盘六组市场需求预测图。

根据图 3-2 编制市场分析表,如表 3-8～表 3-15 所示。

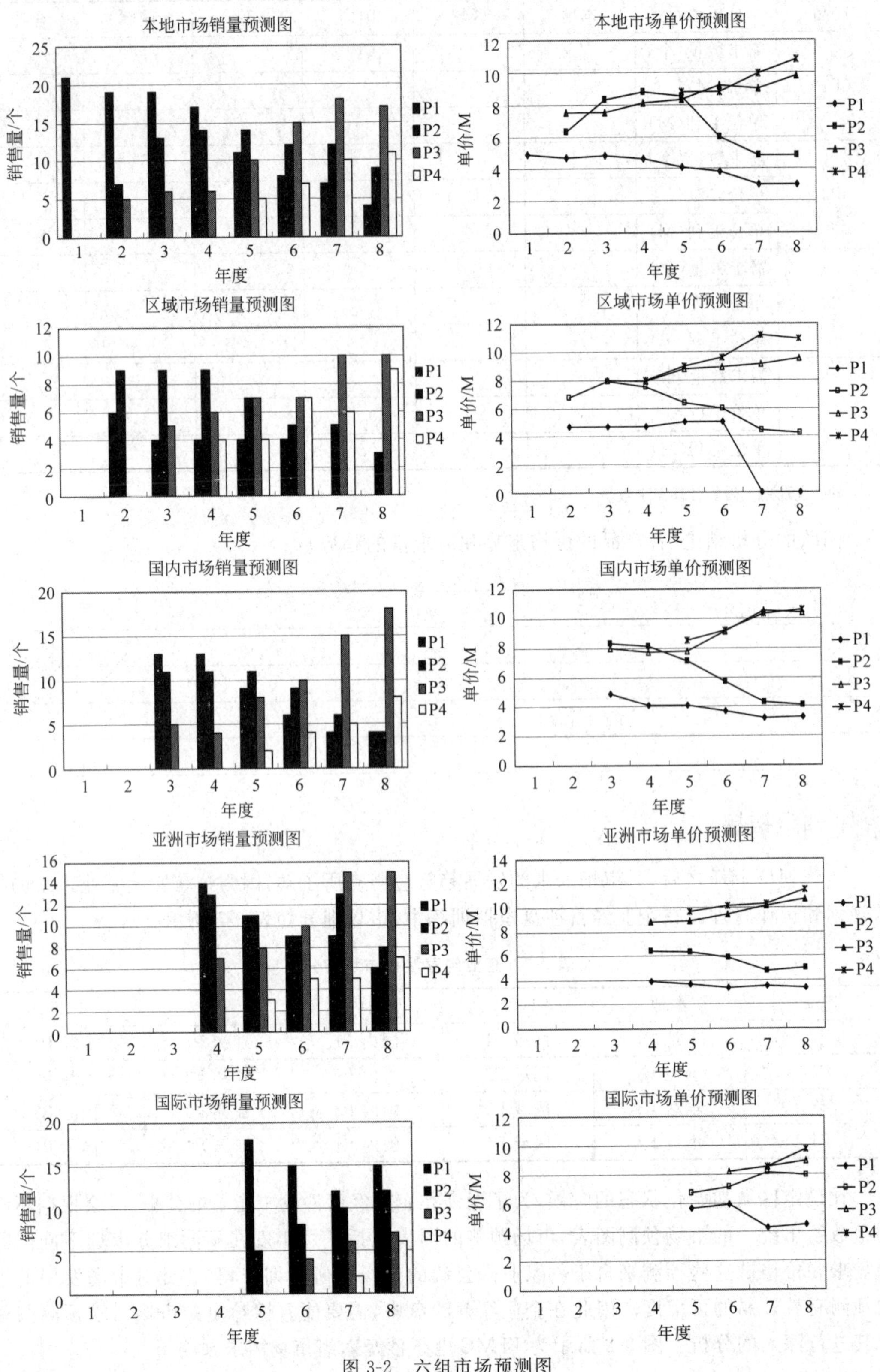

图 3-2 六组市场预测图

表 3-8　第 1 年市场分析表

产品	分析项目	本地	合计
P1	数量(个)	21	21
	价格(M)	5	—
	单位毛利(M)	3	—

表 3-9　第 2 年市场分析表

产品	分析项目	本地	区域	合计
P1	数量(个)	19	6	25
	价格(M)	4.7	4.7	—
	单位毛利(M)	2.7	2.7	—
P2	数量(个)	7	9	16
	价格(M)	6.3	6.8	—
	单位毛利(M)	3.3	3.8	—
P3	数量(个)	5		5
	价格(M)	7.5		—
	单位毛利(M)	3.5		—

表 3-10　第 3 年市场分析表

产品	分析项目	本地	区域	国内	合计
P1	数量(个)	19	4	13	36
	价格(M)	4.8	4.7	4.9	—
	单位毛利(M)	2.8	2.7	2.9	—
P2	数量(个)	13	9	11	33
	价格(M)	8.3	7.9	8.2	—
	单位毛利(M)	5.3	4.9	5.2	—
P3	数量(个)	6	5	5	16
	价格(M)	7.5	8	8	—
	单位毛利(M)	3.5	4	4	—

表 3-11　第 4 年市场分析表

产品	分析项目	本地	区域	国内	亚洲	合计
P1	数量(个)	17	4	13	14	48
	价格(M)	4.6	4.4	4.1	3.9	—
	单位毛利(M)	2.6	2.4	2.1	1.9	—
P2	数量(个)	14	9	11	13	47
	价格(M)	9	6.8	8.1	6.4	—
	单位毛利(M)	6	3.8	5.1	3.4	—

续表

产品	分析项目	本地	区域	国内	亚洲	合计
P3	数量(个)	6	6	4	7	23
	价格(M)	8.1	7.5	7.7	8.8	—
	单位毛利(M)	4.1	3.5	3.7	4.8	—
P4	数量(个)		4			4
	价格(M)		7.5			—
	单位毛利(M)		2.5			—

表 3-12 第 5 年市场分析表

产品	分析项目	本地	区域	国内	亚洲	国际	合计
P1	数量(个)	11	4	9	11	18	53
	价格(M)	4.1	5	4.1	3.7	5.6	—
	单位毛利(M)	2.1	3	2.1	1.7	3.6	—
P2	数量(个)	14	7	11	11	5	48
	价格(M)	8.5	6.4	7.1	6.3	6.7	—
	单位毛利(M)	5.5	3.4	4.1	3.3	3.7	—
P3	数量(个)	10	7	8	8		33
	价格(M)	8.2	8.8	7.8	8.9		—
	单位毛利(M)	4.2	4.8	3.8	4.9		—
P4	数量(个)	5	4	2	3		14
	价格(M)	8.8	9	8.5	10		—
	单位毛利(M)	3.8	4	3.5	5		—

表 3-13 第 6 年市场分析表

产品	分析项目	本地	区域	国内	亚洲	国际	合计
P1	数量(个)	8	4	6	9	15	42
	价格(M)	3.7	5	3.7	3.4	5.9	—
	单位毛利(M)	1.7	3	1.7	1.4	3.9	—
P2	数量(个)	12	5	9	9	8	43
	价格(M)	6	6	5.7	5.9	7.1	—
	单位毛利(M)	3	3	2.7	2.9	4.1	—
P3	数量(个)	15	7	10	10	4	46
	价格(M)	9.6	8.9	9.1	9.5	8.2	—
	单位毛利(M)	5.6	4.9	5.1	5.5	4.2	—
P4	数量(个)	7	7	4	5		23
	价格(M)	8.8	9.6	9.2	10		—
	单位毛利(M)	3.8	4.6	4.2	5		—

表 3-14　第 7 年市场分析表

产品	分析项目	本地	区域	国内	亚洲	国际	合计
P1	数量(个)	7	0	4	9	12	32
	价格(M)	3	0	3.2	3.5	4.3	—
	单位毛利(M)	1	0	1.2	1.5	2.3	—
P2	数量(个)	12	5	6	13	10	46
	价格(M)	6	4.4	4.3	4.8	8.1	—
	单位毛利(M)	3	1.4	1.3	1.8	5.1	—
P3	数量(个)	18	10	15	15	6	64
	价格(M)	9.6	9.1	10.5	10.3	8.5	—
	单位毛利(M)	5.6	5.1	6.5	6.3	4.5	—
P4	数量(个)	10	6	5	5	2	28
	价格(M)	8.8	11.2	10.3	10.3	8.5	—
	单位毛利(M)	3.8	6.2	5.3	5.3	3.5	—

表 3-15　第 8 年市场分析表

产品	分析项目	本地	区域	国内	亚洲	国际	合计
P1	数量(个)	4	0	4	6	15	29
	价格(M)	3	0	3.5	3.4	4.5	—
	单位毛利(M)	1	0	1.5	1.4	2.5	—
P2	数量(个)	9	3	4	8	12	36
	价格(M)	4.8	4.3	4.1	5	7.9	—
	单位毛利(M)	1.8	1.3	1.1	2	4.9	—
P3	数量(个)	17	10	18	15	7	67
	价格(M)	9.8	9.5	10.4	10.7	8.9	—
	单位毛利(M)	5.8	5.5	6.4	6.7	4.9	—
P4	数量(个)	11	9	8	7	6	41
	价格(M)	10.8	10.9	10.6	11.5	9.7	—
	单位毛利(M)	5.8	4.9	5.6	6.5	4.7	—

为了进一步确定企业的目标市场，进行正确的市场定位，还可以利用波士顿矩阵进行分析。波士顿矩阵如图 3-3 所示。

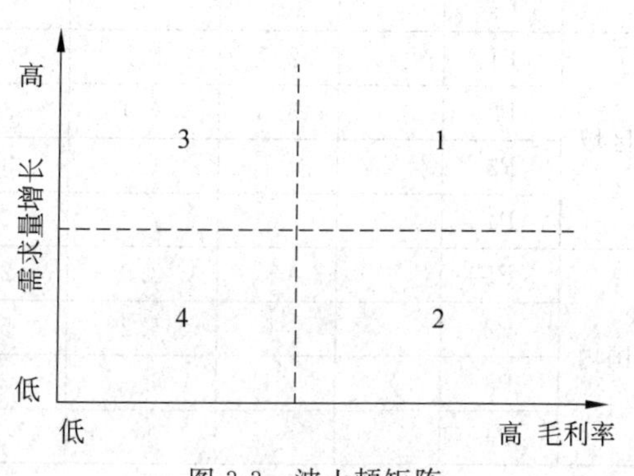

图 3-3　波士顿矩阵

波士顿矩阵需要基于每年的每个细分市场情况进行详细分析，进一步分析各年各细分市场的需求增长率和各细分市场的产品毛利情况。现将各年各细分市场的需求增长率计算后填入表 3-16，将各细分市场的单位产品毛利填入表 3-17，然后再绘制波士顿矩阵图，最后做出细分市场的选择策略。

表 3-16　各年市场需求增长率表　　单位：%

市场	产品	第 1 年	第 2 年	第 3 年	第 4 年	第 5 年	第 6 年	第 7 年	第 8 年
本地	P1		−9.5	0	−10.5	−35.3	−27.3	−12.5	−42.9
	P2			85.7	7.7	0	−14.3	0	−25
	P3			20	0	66.7	50	20	−5.6
	P4					0	40	42.9	10
区域	P1			−33.3	0	0	0	−100	0
	P2			0	0	−22.2	−28.6	0	−40
	P3				20	16.7	0	42.9	0
	P4					0	75	−14.3	50
国内	P1				0	−30.8	−33.3	−33.3	0
	P2				0	0	−18.2	−33.3	−33.3
	P3				−20	100	25	50	20
	P4					0	100	25	60
亚洲	P1					−21.4	−18.2	0	−33.3
	P2					−15.4	−18.2	44.4	−38.5
	P3					14.3	25	50	0
	P4						66.7	0	40
国际	P1						−16.7	−20	25
	P2						60	25	20
	P3							50	16.7
	P4							0	200

表 3-17　各年细分市场单位产品单位毛利表　　单位：M

市场	产品	第 1 年	第 2 年	第 3 年	第 4 年	第 5 年	第 6 年	第 7 年	第 8 年
本地	P1	3	2.7	2.8	2.6	2.1	1.7	1	1
	P2		3.3	5.3	6	5.5	3	3	1.8
	P3		3.5	3.5	4.1	4.2	5.6	5.6	5.8
	P4					3.8	3.8	3.8	5.8
区域	P1		2.7	2.7	2.4	3	3	0	0
	P2		3.8	4.9	3.8	3.4	3	1.4	1.3
	P3			4	3.5	4.8	4.9	5.1	5.5
	P4				2.5	4	4.6	6.2	4.9
国内	P1			2.9	2.1	2.1	1.7	1.2	1.5
	P2			5.2	5.1	4.1	2.7	1.3	1.1
	P3			4	3.7	3.8	5.1	6.5	6.4
	P4					3.5	4.2	5.3	5.6

续表

市场	产品	第1年	第2年	第3年	第4年	第5年	第6年	第7年	第8年
亚洲	P1				1.9	1.7	1.4	1.5	1.4
	P2				3.4	3.3	2.9	1.8	2
	P3				4.8	4.9	5.5	6.3	6.7
	P4					5	5	5.3	6.5
国际	P1					3.6	3.9	2.3	2.5
	P2					3.7	4.1	5.1	4.9
	P3						4.2	4.5	4.9
	P4							3.5	4.7

可根据表3-16和表3-17的数据自行绘制成波士顿矩阵，通过波士顿矩阵分析可以得出区间1的产品市场属于明星类细分市场，是需要重点发展的细分市场，区间2、3应该适当关注，区间4的产品市场属于瘦狗类细分市场，应逐步退出。需要指出的是，由于在企业经营沙盘中，波士顿矩阵得出的目标细分市场有时候也不是最优的细分市场，在不同的竞争环境下，会有不同的最优细分市场，关键在于避开竞争激烈的细分市场。

表3-18列示的是按产品统计所有市场每年的总需求，可作为企业扩张产品产能的主要依据。

表3-18　各年产品所有市场需求汇总表　　单位：个

产品	第1年	第2年	第3年	第4年	第5年	第6年	第7年	第8年
P1	21	25	36	48	53	42	32	29
P2		16	33	47	48	43	46	36
P3		5	16	23	33	46	64	67
P4				4	14	23	28	41

一般情况下，生产某种产品的生产线产能的扩张最好不超过生产该产品的企业的平均需求数的1.5倍。例如，第5年生产P2的企业有6家，平均需求为48÷6=8，那么生产P2的产能最好不要超过8×1.5=12(个)。

任务二　投放广告策略

【知识目标】

✧ 了解广告投放规则；

✧ 掌握广告投放主要考虑的因素有哪些。

【能力目标】

✧ 能投放合理的广告，实现广告投放效益最大化。

【任务引入】

在第 1 年的竞单中，各组的广告效果并不相同，广告的投放量并不是越多越好，投放量大也不一定可以获得最多的订单，还要取决于其他竞争对手的广告投放情况，是竞争者之间的博弈。

任务：请根据第 1 年广告投放情况总结广告投放策略。

知识链接

在企业经营沙盘中，企业在销售市场的竞争集中体现为广告投入的竞争，广告投入情况直接决定了产品销售量和销售额，关系到企业经营的成败，因此广告投入对于企业来说是生死攸关的。但广告策略又是最难制定的，因为在企业经营沙盘中，是按照广告投入多少来决定选单顺序，因此广告投入就变成了所有竞争者之间的一种博弈，并非广告投放量大就一定可以获得最多的订单，还要取决于其他竞争对手的广告投放情况，在其他竞争对手都投放小广告时，企业可投放中等广告。例如，第一年时投放 4M，也会拿到最大单，但如果大家都投放大广告，即使企业投放 8M 的大广告也不一定可以拿到理想的订单量。一般来说，企业的广告投入，应该考虑以下几个方面的因素。

(1) 市场需求的总体状况。

(2) 竞争对手的状况。

(3) 企业自身可供销售的产品数量。

(4) 企业财务状况(尤其是现金状况)。

企业只有在综合考虑以上因素后才能做出正确的广告决策。制定广告策略的流程如图 3-4 所示。

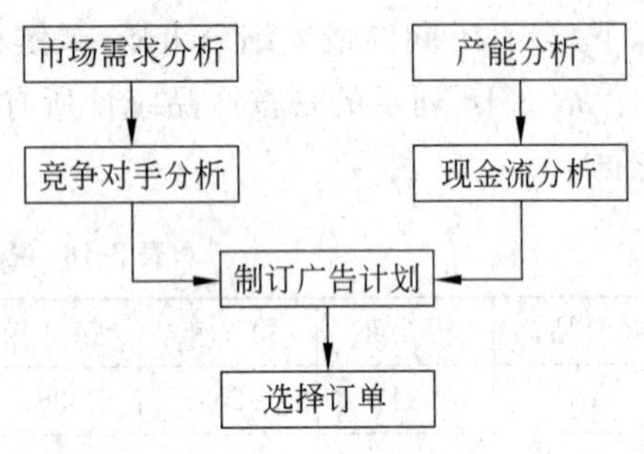

图 3-4　广告投放决策流程图

一、广告投放规则解读

在企业经营沙盘模拟训练中，由于广告投放的重要性，广告投放成为营销经理的最主要职责。如果想要以尽量少的广告获取理想的订单量，就要先熟悉企业经营沙盘中广告投放和竞单规则。

1. 广告投放

只有对应的分市场已经开拓完成，并在该分市场和分产品中投入 1M 以上的产品广告费，才可以获得拿取订单的机会，如果不投产品广告，就没有选单机会。每次选单机会允许取得一张订单；如果订单太少，或者在自己选单前订单已经被选完，也将失去选择订单机会；如果订单较多，可能有两次或两次以上的选单机会；如果要获取有 ISO 要求的订单，必须获得 ISO 认证资格证书，无须再投入 ISO 的广告费。广告投放单如表 3-19 所示。

2. 选单顺序

(1) 各公司将广告费按市场、产品填写在广告登记表中。

(2) 订货会依照本地、区域、国内、亚洲和国际市场的顺序依次召开，在每个市场中依照 P1、P2、P3 和 P4 的顺序，依次选单，如果是网络选单，则多个市场和产品会同时选单。

表 3-19　广告投放单

______组　第______年广告投放单　　单位：M

产品	本地	区域	国内	亚洲	国际
P1					
P2					
P3					
P4					

(3) 排定企业的选单顺序，依据以下顺序原则确定。

① 按照每个市场单一产品的广告投放量的多少顺序依次选单。

② 如果在同一市场、同一个产品投入的广告费用相同时，则比较该产品所有市场广告投入之和，按照多少顺序依次选单。

③ 如果单一产品所有市场广告投入总量也一样时，则比较所有产品，所有市场的广告总投入，按照多少顺序依次选单。

④ 如果所有产品、所有市场的广告总投入也相同，按照广告投放的时间顺序依次排定选单顺序。

(4) 按选单顺序分轮次进行选单，有资格的公司在各轮中只能选择一张订单。当第一轮选单完成后，如果还有剩余的订单，还有选单机会的公司可以按选单顺序进入下一轮选单。

注意：选择订单时，可以根据企业的生产能力放弃选择订单的权利，当放弃某市场的选单，在本市场的本产品中，不得再次选单。

二、广告投放的影响因素

企业广告投入量的多少直接影响到企业的选单情况，进而影响企业的销售量，因此广告投放是否合理，就成为企业成败的关键。模拟企业在投放广告时，一般要考虑下述五个方面的影响因素。

1. 市场需求的总体状况

市场的需求状况是指在按照市场预测图中相应年份的每个市场的产品需求状况。也就是任务一的分析表。因为市场的规模和企业的资源是有限的，一个企业不可能将全部或大部分订单选完，同时一个企业也很难在所有市场和所有的产品同时都投入广告。因此企业需要根据市场需求来考虑主打哪些市场和哪些产品，也就是在市场需求分析的基础上确定好市场定位和产品定位。基于上述分析，需要注意如下几个问题。

(1) 选择的市场和产品要满足可销售因素，必须重视需求量大的市场和产品，否则可能接不到订单或接单数量不足。

(2) 要考虑价格高的市场和毛利高的产品，以保证企业经营的盈利性。

(3) 要考虑市场的供求关系，并能在供不应求、供过于求和供求平衡的不同条件下选择不同的广告投放策略。

2. 竞争对手情况

众所周知，打仗的时候需要“知己知彼”，经营一个企业也是如此。在企业经营沙盘模拟训练中的竞争气氛异常激烈。如果对竞争对手缺乏了解且不能制定相应的对策时，必定会"经营惨淡"。对竞争对手的分析包括竞争对手的产量、市场开拓等情况的了解。具体包括下面几项内容。

(1) 清晰了解竞争对手产品研发和市场开拓的信息，不仅要了解已经开发的产品和已经开拓的市场，还需要了解正在研发的产品和正在开拓的市场需要多少生产周期，何时可以参与到这个市场或这个产品的竞争。

(2) 掌握竞争对手可供销售的产品数量，包括对手的产品库存情况、生产线的产能情况、新生产线开工情况等。

(3) 了解对手的资金状况，关注对手的当前现金、应收账款和应付账款的情况，从而推断对手可以投放广告的资金多少。

(4) 关注竞争对手的管理现状，包括 CEO 和营销经理的个性、经营气氛及对手可能采用的策略等。

面对风险型的竞争对手，企业最好采取跟随广告，投入适中广告以获取中等订单，如果一定要同其竞争大单，则必须投入较多的广告费。如果面对的是保守型竞争者，则采取高额投资广告的策略对企业更有利，可确定获得大订单。

3. 可供销售产品数量

可供销售产品数量就是企业在指定的时间能够用来销售的产品数量，包括本期能生产的产品数量和库存产品数量。在企业经营沙盘模拟训练中，很多团队在经营的前几年往往是销售和生产脱节，营销部门和生产部门各自为政，营销花巨资投入广告接回来的订单生产不出来或者是生产出来的产品没有订单，变成了库存，造成资金积压。经过几年惨淡的经营，随着对企业运作的深入了解，才会对短期"以产定销"和长期"以销定产"有深刻的认识。

企业可供销售的产品数量可以用式 3-1 计算。

$$全年最大可供销售的产品=期初产品库存量+本年产能 \tag{3-1}$$

其中本年产能是企业全年最大生产能力，按照不同生产线推算出企业的产能如下。

(1) 手工生产线年初在制品在最后一格的一年可以生产下线 2 个产品，其他状态的只能生产下线 1 个产品。

(2) 半自动生产线一年可以生产下线 2 个产品。

(3) 全自动和柔性生产线全年可以生产下线 4 个产品。

(4) 半自动、全自动和柔性生产线如果年初是空置，第一季第才投产的，需要减少 1 个产品。

在投放广告前，按照不同的产品逐一计算并填入表 3-20 中。

表 3-20 企业( )年可供销售产品数量 单位：个

产品	期初库存	本年产能	最大可供销售量
P1			
P2			
P3			
P4			

可供销售产品的数量，对广告投入有直接的影响。因为需要销售的产品越多，企业需要投放的广告费也越多，才可能拿到更多的订单，并将产品销售出去；相反，如果可供销售产品少，则只需要拿小订单就可以了，这时只需要投入较少的广告费。

4. 现金

现金是企业经营的命脉，如果企业现金断流，那么在企业经营沙盘规则中会判定企业因资金断流而退出竞争。在企业经营沙盘模拟训练中，很多团队的营销经理在制订广告投放计划时，没有与财务经理协商，在经营的前几年尤甚。结果造成经营流动资金严重不足，不能新购生产线来扩大产能，甚至是资金断流破产。

广告费投放将以现金形式支付，而且是计入销售费用，投入不当可能导致盈利降低甚至亏损。因此企业现金约束是企业投放广告时需要重点考虑的因素，特别是到后期随着市场产品品种的增加，总的广告费会越来越高，需要重点考虑。在投放广告前就要做好全年的预算，控制好现金流，不能因为单纯想要拿大订单，投入大额广告费，结果导致现金断流，那将是得不偿失。

在考虑广告投入资金总额的时候，一般需要考虑如下几个因素。

(1) 了解企业当前的现金流量。

(2) 考虑近期可以回收的应收账款和近期要支付的应付账款。

(3) 估计本年可以完成的销售额，广告费用应该是本年销售额的一定百分比(一般控制在10%～15%)。

5. 利润空间

利润空间就是指企业销售出去的产品的销售额在扣去生产直接成本和广告费用之后的最大利润。企业进行经营的重要目的就是利润最大化。在企业经营沙盘中也不例外，模拟企业经营也是要获取利润的，因此企业广告投放的上限就是销售收入扣除生产成本和广告费用之后的最大毛利要大于或等于0，否则企业将亏损。

$$企业广告投放的上限=销售收入-生产成本 \tag{3-2}$$

三、广告投放策略分析

1. 大额广告策略

模拟企业为了在经营前几年获得优势，多取得有利订单，一开始就投入大额广告费，以求达到先发制人，遏制竞争对手之目的，一般采用这种方法时要注意以下四点。

(1) 注意广告费投入要有一个限度，有时广告费过大可能会导致订单虽然很多，但企业反而不能盈利。

(2) 要时刻注意对手的广告费投入情况。要对竞争对手的广告额有一个大概的估计，以免在投入相同广告额时造成两败俱伤。

(3) 广告费投入要考虑市场预测、产能、产品组合和库存现金等因素，要对可能竞争到的订单有一个大概的估计，做到有的放矢。

(4) 当投放大额广告获得理想订单，产品基本能销售出去，并能在利润上获得优势时，那么本年应该适当新购生产线，以期在下一年继续保持优势。

2. 小额广告策略

模拟企业采用与大额广告战略相反,小额广告战略的广告投入和产出比最大,但竞争到的订单较少,容易造成产品积压,致使前期发展缓慢。

3. 中间广告策略

模拟企业的广告投放量介于大额和小额之间,既规避最激烈的市场竞争,又优于小额广告。同时,在中间选单可以选到更多单价高、单位毛利高的产品订单。

4. 先小额广告,中间放大广告策略

模拟企业在竞争最激烈的前两年采用小额广告,采用保守经营,采用各种方式降低运营成本,并且持续维持低生产成本的生产状态,卖不出去的产品暂时留在成品仓库。到第三年随着市场的扩大和总需求的扩大,突然发力,投入较高的广告费,以期最大限度获得订单将库存产品全部清完,在当年获得较高的利润,进入竞争行列。

四、广告投放的博弈分析

企业的广告投入策略没有绝对的最优策略,因为各企业之间存在激烈的博弈,如果谁能够错开激烈的竞争找到空档则谁就能获胜。这其实有点类似囚徒困境的博弈。

企业经营沙盘一般是有6个公司或6个以上公司同时进行模拟经营并参加相同的市场竞争。为了分析的方便现将多个公司间的广告竞争简化为两个公司间的广告竞争。假设这两个公司分别为A和B两家公司。假设企业广告投入分为高广告费和低广告费两种。于是就出现A、B都高广告费;A、B都低广告费;A高广告费、B低广告费;A低广告费、B高广告费这四种情形。

第一种情形:A、B都高广告费。这种情况下,A、B两个公司将会两败俱伤,因为广告费投入太高,很可能使得企业亏损,假设这种情况下,两公司的收益分别为(-1,-1)。收益的数字只是表示一种方向,不代表具体的收益是亏损1M,只是为了分析的方便。

第二种情形:A、B都低广告费。在这种情况下,由于两个公司浪费在广告上的资金较少,因此后续可能会发展更快,特别是在加大生产方面。此时,假设双方的收益为(2,2)。因为市场容量是一定的,所以随着生产的逐步扩大,必定会有企业的产品卖不出去,而卖不出去产品的企业将会通过加大广告投入来获取更多订单,因此会打破策略平衡。

第三种情形和第四种情形:A、B两公司广告费投放一多一少。此时大额广告方将会得到大订单,甚至两次以上的订单选择机会,因此企业获得较多订单。此时,投大额广告方只要广告数量不是太离谱,由于可以拿到大订单,一方面利润将更大,另一方面回笼到更多资金,可以用于扩大生产,因此得益更大,不妨假设其收益为6。而小额广告方,虽广告费用少,但卖出的产品也少,收益自然少,不妨假设为4。

根据上面的描述可以得到,A、B公司广告费投放的支付矩阵如图3-5所示。

		B 高	B 低
A	高	-1, -1	6, 4
A	低	4, 6	2, 2

图3-5 广告费投放的支付矩阵

用划线法试求纳什均衡发现,上述博弈中,有两个纳什均衡。也就是说,在单次的博弈中,企业进行广告投放时，只要广告投放策略错开，就是一种相对稳定的均衡，是占优策略。但是在企业经营沙盘的长期重复博弈中，小额广告投入方在供过于求的市场竞争环境中，会有产品剩余，因此为了将产品销售出去，获取更大的利润，在后续的竞争中必然会加大广告投入。特别是在比赛中，是以战胜对手为目的，那么这种竞争将更加激烈。

因此，企业的广告投放策略是一种无法确定的博弈，关键在于了解并预测竞争对手的反应。所以对竞争对手的调查要更加详细，一般情况下，如果竞争对手都是保守型，则企业可以采取适当大广告的形式，以获取胜利；如果了解到竞争对手是善于冒险型，则企业可采取投入小广告观望，等待其他公司和其拼广告，两败俱伤后渔翁得利，如果一定要抢占市场，那么只能下狠心投最大的广告费，从而压倒竞争对手。但是广告的投放，在各个公司进行博弈的过程中确实是没有固定的法则，关键在于灵活应用，有时甚至要靠点运气，如果能够找到其他公司都没有投广告的细分市场进行广告投放，广告投放的效率将更高。

任务三　订单选择策略

【知识目标】

✧ 了解订单选择顺序的排定方法；

✧ 掌握订单选择考虑的主要因素。

沙盘微课堂-订单选择策略

【能力目标】

✧ 能选择合理的订单。

【任务引入】

在企业经营沙盘中，企业生产的产品能否销售出去主要是看企业能够在竞单环节获得多少订单。企业第一年竞单并不理想，假如经营至第二年年初，企业有 P1 库存 6 个，生产 P1 的一条手工线在中间的位置，另一条半自动线在第一格的位置。可用于生产 P2 产品的是两条安装了三个季度的全自动生产线，但因为到第二季度 P2 产品方研发完毕后可以投入生产，所以公司可供销售的 P2 产品仅有 4 个，在第三季度资金比较紧缺，目前是竞单环节，可供企业选择的 P2 产品订单如表 3-21 所示。

表 3-21　B 公司可供选择的 P2 产品订单

编号	市场	数量(个)	单价(M)	销售额(M)	账期(季度)	条件
1	本地	2	7.5	15	3	加急
2	本地	2	5.5	11	2	
3	本地	3	6	18	3	
4	区域	2	7.5	15	1	加急
5	区域	3	6	18	2	

任务：请为B公司选择出合适的P2产品订单。

知识链接

一、订单选择规则解读

下面就订单选择的先后顺序说明如下。如在第二年，各组的广告投入情况如表3-22所示。

表3-22 第二年各公司广告投入汇总表 单位：M

市场	A		B		C		D		E		F	
	P1	P2	P1	P2	P1	P2	P1	P2	P1	P2	P1	P2
本地	4	2	4	0	1	0	2	0	4	0	6	0
区域	1	3	1	0	3	0	4	0	2	2	2	3

先看本地P1市场的选单顺序，第一年应该由广告投入最大的F公司先选单，A、B、E三个公司在本地P1产品上投入广告相同，根据规则在同一市场、同一个产品投入的广告费用相同时，先按本产品的所有市场的广告费总额排定选单顺序，E公司投入P1两个市场的广告总额为6M，大于A、B公司的5M，所以第二位选单的应该是E公司，A、B两个公司谁先选单，则按照规则需要对比两个公司的广告总额，排定选单顺序，A公司的广告总额10M，大于B公司的5M，因此第三位选单的A公司，第四位为B公司，第五位是投2M广告的D公司，最后选单的是C公司。

P1产品区域市场与P2产品本地市场、区域市场可以遵循上面的原则确定订单选择的先后排序。

二、订单选择的考虑因素

1. 可供销售的产品数量

可供销售的产品数量是企业选择订单的主要依据，因为如果少选了订单，会导致企业产品积压，给企业造成损失，可是如果一味地选择大单，而没有足够的产品可供销售，按照规则到期交不了货，企业将会被罚款，所以订单的选择应该要拿捏得恰到好处。因此在选择订单前，要求生产经理做好详细的可供销售产品数量和产能的计算就显得非常重要，通常企业在进行选单前，应先填制一张产能预测表，如表3-23所示。

表3-23 产能预测表

产品	年初库存	第一季度产量	第二季度产量	第三季度产量	第四季度产量	合计
P1						
P2						
P3						
P4						

然后对着产能表就可以计算出对应的每个季度最多可以拿订单的数量，这样才不会拿多或拿少订单。

2. 订单中产品的数量

在企业经营沙盘中，多数情况下，特别是前几年，整个市场都是处于供过于求的状态，因此企业在选择订单时，首先要考虑把产品卖出去，所以在价格和账期相差不大、交货期能够满足的情况下，应该选择数量大的订单。除非，数量不同，单价相差较大，虽然数量不一样但销售额却相同或很相近时，则应该选择数量较小的订单。

3. 账期

账期决定了销售产品的回款时间，也关系到企业现金流的运转。因此账期也是企业需要考虑的因素，一般在其他条件相同的情况下，尽量考虑选择账期较短的订单，尤其是在企业资金比较紧张时，更是要重点考虑。

4. 交货期

交货期是指订单产品的交货时间限制，交货期的限制直接影响到订单的选择。如有加急要求的订单，则必须在第一季度交货，否则将会被罚款。如果满足不了交货期的要求，即使企业有再多的产品也没有办法选择对应的订单。例如，在模拟经营的第二年，本地市场就有一张 P2 产品数量为 2，单价为 7.5M 的加急单，B 公司虽然第二年上了两条全自动生产，能够生产 4 个 P2，可是由于 P2 要等第二季度方可研发完毕，因此没有办法满足第一季度就要交货的加急订单要求，所以虽然总产品有 4 个，但还是不能选择该订单，否则企业就可能面临罚款。

5. 附加条件

如果订单有 ISO 9000 或 ISO 14000 认证要求的订单，需要完成认证研发之后方可选择该订单，而且一般有认证要求的订单产品单价都会相对较高。

三、订单选择策略

(1) 产能较大或库存较多时，一般优先选择产品数量大的订单。

(2) 产能中等，但是预计市场竞争会比较激烈时，一般也优先选择产品数量大的订单。

(3) 产能中等或偏小，一般优先选择产品价格比较高的订单。

(4) 市场竞争不激烈，预计产品供不应求时，一般优先选择产品价格比较高的订单。

(5) 资金运转比较困难时，一般应该选择账期短的订单，这时最好还可以选择数量少的订单，因为如果数量比较大，经过几个季度的生产，在年底才能交货，就算账期短，资金也不能及时收回，也会导致资金压力问题。

注意：在企业经营沙盘选择订单的过程中，尤其在进行企业经营沙盘对抗比赛之前，应先对各个市场订单进行详细了解，以便在选择订单时能够获取更好的订单。在训练中经常发现有些同学，在产量不高时，开始就在本地和区域市场就把订单全部拿满了，结果到后面进行国内、亚洲、国际市场的竞单时，发现后面的市场有单价更高、账期更短的订单，于是后悔不已。因此，产量有限时，企业应该关注各个市场的订单情况，应该留一些产品到价格较优的市场去销售，不要受市场竞单先后顺序的影响。

任务四　竞争对手分析

【知识目标】

✧ 了解竞争情报的含义；

✧ 掌握竞争情报的收集内容和收集方法。

沙盘微课堂-竞争对手分析

【能力目标】

✧ 能根据目标收集有用的竞争情报。

【任务引入】

在企业经营沙盘中，为了在竞争中脱颖而出，获取竞争的胜利，就必须获取市场以及竞争对手的相关信息，俗话说知己知彼，百战百胜。如在决策广告投放方案时，就需要知道市场该产品的总需求、生产该产品的企业有哪些、这些企业的产能如何、该产品库存情况、企业资金情况等，以期使企业的广告投入效益最好，可是这些信息如何才能得到呢？

任务：请收集竞争对手的情报作为企业决策的依据。

知识链接

在企业经营沙盘中，一般需要收集竞争对手的生产情况、研发情况、市场开拓情况、销售情况等方面的信息，比较全面的竞争对手情报需求如表 3-24 所示。

表 3-24　竞争对手情报需求

项　目	主 要 内 容
生产情况	(1) 正在生产的产品(P1、P2、P3、P4) (2) 在制品及库存产品品种和数量 (3) 生产线类型及数量(正在建设的生产线应注明建设期) (4) 原材料采购情况
研发情况	(1) 已研发完毕和正在研发的产品 (2) ISO 开发情况
市场开拓	(1) 已开拓完毕市场 (2) 正在开拓市场
销售情况	(1) 销售产品类型及数量单价和销售额 (2) 各公司所占的产品市场份额和各市场的市场份额 (3) 广告投放情况
财务情况	(1) 资产情况(现金、应收账款数量及账期、生产线净值、原材料价值、厂房价值) (2) 负债情况(长期贷款、短期贷款、民间融资及应付账款情况) (3) 损益情况(年度净利、应交税金、所有者权益)

收集的竞争信息情报主要为企业经营决策服务。如企业在经营的中期要确定研发

P3 或 P4 策略时，需要调查其他模拟企业已经研发的产品情况，以及可能进入研发 P3 或 P4 的公司情况，进而决定企业的后期研发策略。企业重要决策需要的信息情报如表 3-25 所示。

表 3-25　企业重要决策需要的信息情报表

决策内容	需要的竞争对手的信息内容
投放广告决策	(1) 在制品及库存产品品种和数量 (2) 生产线类型及数量 (3) 各产品的产能情况 (4) 已研发完毕和正在研发的产品 (5) ISO 开发情况 (6) 已开拓完毕市场 (7) 往年广告投放情况 (8) 对手期末的现金数
开拓市场决策	(1) 对手已开拓完毕市场 (2) 对手正在开拓的市场 (3) 竞争对手在各市场生产各产品的产能
研发产品决策	(1) 对手已研发完毕和正在研发的产品 (2) 对手生产各产品的生产能力 (3) 对手的资金状况
购置新生产线决策	(1) 对手生产各产品的生产能力 (2) 对手已有的生产线类型及数量 (3) 对手正在建设的生产线(类型、数量、生产的产品)

获得竞争对手信息的途径一般通过参与订单会和利用年末的间谍时间。

1. 订单会

企业通过参加每年年初的订单会，至少可以获得如下信息。

(1) 产品研发情况。因为企业只有在当年已经研发完毕或能够研发完毕该产品，方能在市场上获取订单，所以通过观察企业在各个产品市场的选单情况，就可以确定该公司目前已经研发的产品。如通过观察发现某公司在第三年的订单会上，只在 P1、P2 产品市场出现选择记录，则可以确定 A 公司已经研发的产品是 P1、P2，而 P3、P4 尚未研发或未研发完毕。

(2) 广告投入情况。从对手选单的顺序可以大概估计对手的广告投放额度。

(3) 销售情况。通过观察各公司选单的先后顺序以及事先了解的市场订单情况，就可以初步推断企业销售产品数量和销售额。

2. 每个经营年度结束时给出的间谍时间

在企业经营沙盘中，每年结束时会给 5～10 分钟的间谍时间，允许各参赛小组到其他小组去观察其经营盘面。这就提供了了解对手信息的机会，完全可以通过此次间谍时间获取所有公司经营状况。当然这需要各公司提前做好准备。如提前分工，谁负责收集哪几组的信息以及提前设计好间谍表，以便更好地在规定时间获取更准确的信息。表 3-26 是专门为企业经营沙盘竞争的商业间谍设计的一张间谍表。

表 3-26 企业经营沙盘间谍表

第____年间谍表

小组	产品研发				市场开拓					资格认证		厂房		现金	短期贷款				长期贷款				
	PI	P2	P3	P4	本地	区域	国内	亚洲	国际	ISO 9000	ISO 14000	大	小		1Q	2Q	3Q	4Q	1Y	2Y	3Y	4Y	5Y
A 组																							
B 组																							
C 组																							
D 组																							
E 组																							
F 组																							

小组	生产线情况								产能															
									1Q				2Q				3Q				4Q			
	手工	生产产品	半自动	生产产品	全自	产品	柔性	产品	P1	P2	P3	P4	P1	P2	P3	P4	P1	P2	P3	P4	P1	P2	P3	P4
A 组																								
B 组																								
C 组																								
D 组																								
E 组																								
F 组																								

训练情境二　实训第二年经营

通过实训第一年的感性经营，学员对企业经营沙盘模拟训练已经有一定的认识。在实训第二年经营，要开始进入理性经营时期，学员要学会考虑销售量、库存量、生产量、采购量之间的关系，即解决营销、生产和采购部门之间的协调关系。

本年度的训练任务主要是要求学员根据订单和现有产能制订生产计划；在进行充分的市场分析和竞争对手分析的基础上，掌握产销平衡分析；在企业模拟经营中合理运用市场开拓策略和产品开发策略。

任务一　制订生产计划

【知识目标】

✧ 了解生产计划的概念、特点和内容；

✧ 明确企业经营沙盘中生产计划的重要性。

沙盘微课堂-制订生产计划

【能力目标】

✧ 能根据企业经营沙盘的特点进行生产计划工作。

【任务引入】

现企业经营到第二年，企业已经参加过竞单会，选到了满意的订单，请根据本企业的订单情况和生产设备的情况，制订生产计划，要求在满足交货要求的同时做到生产成本最低。请在表4-1中完成编制本年度的生产计划的任务。

表 4-1　第二年度生产计划表

生产线编号	生产线类型	产品	内容	本年1Q	本年2Q	本年3Q	本年4Q	下年1Q	下年2Q
L1			产出						
			投产						
			需要材料						
L2			产出						
			投产						
			需要材料						

续表

生产线编号	生产线类型	产品	内容	本年1Q	本年2Q	本年3Q	本年4Q	下年1Q	下年2Q
L3			产出						
			投产						
			需要材料						
L4			产出						
			投产						
			需要材料						
L5			产出						
			投产						
			需要材料						
L6			产出						
			投产						
			需要材料						

知识链接

一、生产计划基础知识

生产计划就是企业为了生产出符合市场需要或顾客要求的产品，确定生产日期进程，归属哪个车间生产以及怎样生产的总体计划。企业的生产计划是根据之前的销售计划制订的，同时它又是企业制订物资采购计划的主要依据。生产计划内容及其关系如图 4-1 所示。

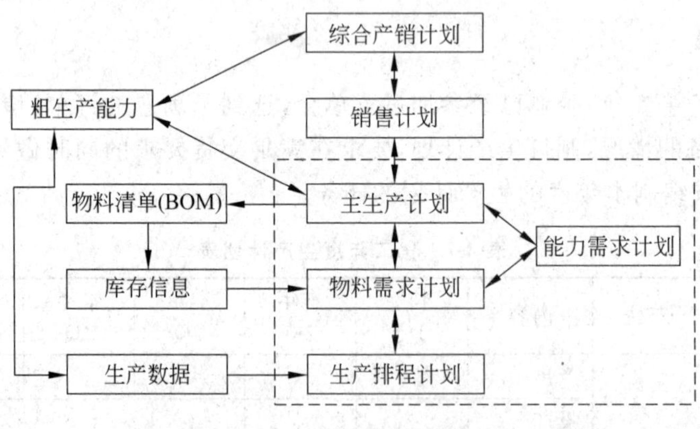

图 4-1　生产计划内容及其关系

二、企业经营沙盘的生产计划

1. 竞单前的产能预估

在每一个经营年度进行销售竞单前，生产经理应该根据现有生产线情况，制订本年度的初步生产计划，并给营销经理提供可能产出的产品品种和数量。

例如，某模拟企业在第二年年初有 4 条生产线，分别是 1 条手工线（目前生产 P1），1 条半自动线（目前生产 P2），1 条在建的全自动线，已经投资 3 个季度，计划生产 P2，1 条柔性线生产线，已经投资 2 个季度。第二年年初生产线情况如图 4-2 所示。

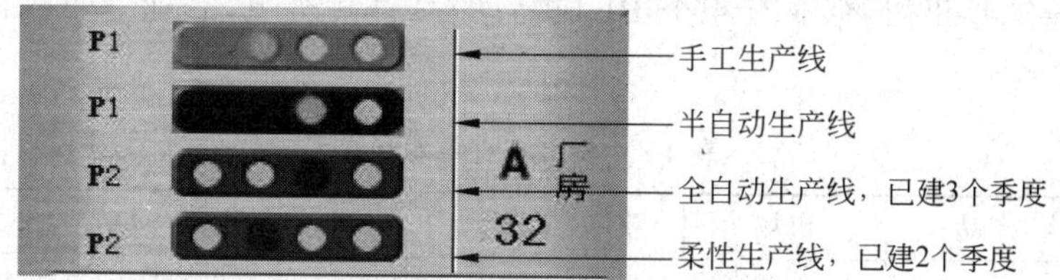

图 4-2　模拟企业第二年年初生产线情况

根据企业目前的生产设备投资和产品加工情况，可以先采用位置观察法来进行各产品的产能预估，如图 4-3 所示。

年初状态	第一季度末	第二季度末	第三季度末	第四季度末
P1 P1 P2 P2				
		产出一个P1	产出一个P1 产出一个P2	产出一个P1 产出一个P2 产出一个P1或P2

图 4-3　模拟企业第二年的生产线产品位置变化

如图 4-3 所示，在第二季度，半自动生产线产出一个 P1 成品，同时投产一个 P1；全自动线开始投产 P2。在第三季度，手工线产出一个 P1 成品，同时投产一个 P1；全自动生产线产出一个 P2，同时投产一个 P2；柔性生产线开始投产 P1 或 P2 产品。在第四季度，半自动线产出一个 P1 成品，同时投产一个 P1；全自动线产出一个 P2，同时投产一个 P2；柔性生产线产出一个 P1 或 P2 成品，同时投产一个 P1 或 P2。具体产能预估如表 4-2 所示。

表 4-2　第二年产能预估表（按产出计算）　　单位：个

生产线编号	生产线类型	产品	1Q	2Q	3Q	4Q
L1	手工	P1	0	0	1	0
L2	半自动	P1	0	1	0	1
L3	全自动	P2	0	0	1	1
L4	柔性	P1/P2	0	0	0	1

从表 4-2 可以看出，柔性线可以产出一个 P1 或者 P2，需要根据选取订单之后再确定，手工线和半自动线可以产出 3 个 P1，全自动线第二季度开始投产，本年度可以生产 2 个 P2。

2. 竞单后模拟企业的生产计划

实际指导模拟企业生产的可行性生产计划是在确定销售计划之后编制的。模拟企业获取销售订单之后才能确定当年能销售产品的类型和数量，企业需要根据销售情况来确定生产的产品和数量。

例如，在第二年年初，企业有 4 个 P1 成品库存，订货会上，企业竞争到的销售订单如表 4-3 所示。

表 4-3 第二年订单登记表

编号	产品	市场	数量(个)	单价(M)	金额(M)	账期(季度)
1	P1	本地	3	5.3	16	4
2	P1	本地	1	5	5	0
3	P1	本地	2	5	10	4
4	P2	区域	1	7	7	0
5	P2	区域	2	6.5	13	4

根据图 4-2 所示年初的生产线状况，模拟企业应结合获取订单情况来制订具体的生产计划。

(1) 分析销售订单：一共需要交 6 个 P1 产品和 3 个 P2 产品。

模拟企业现有 P1 库存 4 个，手工生产线可以产出 1 个 P1，半自动生产线可以产出 2 个 P1，可以满足 P1 的交货要求。全自动生产线第二季度开始投产 P2，没有产出，第三季度才开始有产出，本年度只能生产 2 个 P2，所以柔性生产线需要生产 P2 产品，否则有一个 P2 不能按时交货，违约要被罚款。

(2) 制订生产计划。

① 第一条是手工线，年初的时候在第一格，第一季度更新生产，产品往前移动一格，没有产出，产出栏记“0”，也不能投产，在产状态记“—”；第二季度更新生产，产品再往前移动到第三格，产出为“0”，产品仍在产，记为“—”；第三季度更新生产，产品移动到成品库，产出记“P1”一个，开始新生产时，产品可以投产“P1”一个，需要原材料“R1”；第四季度更新生产再往前移动到第三格，产出为“0”，产品在产，记为“—”。

② 第二条是半自动生产线，年初在第一格，第一季度更新生产，产品往前移动一格，没有产出，产出栏记“0”，也不能投产，在产状态记“—”；第二季度更新生产，产品移动到成品库，产出记“P1”一个，开始新生产时，产品可以投产“P1”一个，需要原材料“R1”；第三季度的操作方式如第一季度；第四季度的操作方式如第二季度。

③ 第三条是全自动生产线，上年已经在建三个季度，第一季度生产线记“在建”；第二季度开始投产“P2”；第三季度产出一个“P2”，同时可以投产一个“P2”；第四季度产出一个“P2”，同时可以投产一个“P2”。

④ 第四条是柔性生产线，上一年已经在建两个季度，第一季度生产线记“在建”，第二季度记“在建”；第三季度开始投产一个“P2”；第四季度产出一个“P2”，同时可以投产一个“P2”。

第二年的生产计划如表 4-4 所示。

表 4-4　第二年的生产计划

生产线编号	生产线类型	产品	内容	本年1Q	本年2Q	本年3Q	本年4Q	下年1Q	下年2Q
L1	手工线	P1	产出	0	0	P1	0	0	P1
			投产	—	—	P1	—	—	P1
			需要材料	0	0	R1	0	0	R1
L2	半自动	P1	产出	0	P1	0	P1	0	P1
			投产	—	P1	—	P1	—	P1
			需要材料	0	R1	0	R1	0	R1
L3	全自动	P2	产出	0	0	P2	P2	P2	P2
			投产	在建	P2	P2	P2	P2	P2
			需要材料	—	R1R2	R1R2	R1R2	R1R2	R1R2
L4	柔性		产出	0	0	0	P2	P2	P2
			投产	在建	在建	P2	P2	P2	P2
			需要材料	—	—	R1R2	R1R2	R1R2	R1R2

注:"—"表示有产品在产,不能投产。

注意:

① 生产线要先投产之后才能有产出,新建生产线在第一次投产的时候不会有产出。

② 手工线和半自动线有产品在产的时候不能投产,当生产线产出产品的同一季度,生产线为空时,才可以开始新的投产。

③ 手工线三个季度为一个周期,每三个季度可以产出一个产品,投产后经过两个季度在产,第三个季度可以产出,同时可以投产。

④ 半自动生产线两个季度为一个周期,每两个季度可以产出一个产品,投产后经过一个季度的在产,第二个季度可以产出,同时可以投产。

任务二　开发产品策略

【知识目标】

✧ 了解开发新产品的含义和流程;

✧ 掌握企业经营沙盘中要如何开发新产品。

【能力目标】

✧ 能根据企业经营沙盘的特点适时进行新产品开发。

【任务引入】

模拟企业经营到第二年,模拟企业发现对手都在研发 P2 产品,在第二年的竞单会上,P2 的争夺非常激烈。营销经理建议及早研发 P3 产品,以便在第三年竞争销售订单的时候有更多的选择,但是财务经理不同意,担心研发费用投入太大,资金周转困难,生产经理认为：开发了P3产品还得新建生产线，一不小心就会有现金断流的危险。CEO觉得进退两难，不知如何是好。

任务：帮助该模拟企业制定开发新产品的策略。

知识链接

一、进行市场趋势分析

企业经营沙盘中，有P1、P2、P3和P4四种系列产品，企业开发的产品越多，同时配合市场开拓和广告投入就越多，则在各个市场能竞争到较多销售订单的机会也越大，并且有利于帮助企业取得市场领导者的地位。这对于企业的顺利发展是很有益处的。因此，经营者们应该提前分析，安排合理的研发时间。一般来说，在第一个经营年度，企业应该充分利用贷款，及早开发产品生产资格。在确定产品研发策略前要先对各产品的市场趋势进行分析，表4-5是各产品每年的需求数量和毛利情况。

表4-5 各产品需求情况和毛利情况

产品	分析项目	第1年	第2年	第3年	第4年	第5年	第6年	第7年	第8年
P1	数量(个)	21	25	36	48	53	42	32	29
	平均价格(M)	5	4.7	4.8	4.24	4.59	4.55	3.65	3.9
	平均毛利(M)	3	2.7	2.8	2.24	2.59	2.55	1.65	1.9
P2	数量(个)		16	33	47	48	43	46	36
	平均价格(M)		6.6	8.16	7.65	7.18	6.12	5.72	5.76
	单位毛利(M)		3.6	5.16	4.65	4.18	3.12	2.72	2.76
P3	数量(个)		5	16	23	33	46	64	67
	平均价格(M)		7.5	7.81	8.09	8.4	9.24	9.79	10.02
	单位毛利(M)		3.5	3.81	4.09	4.4	5.24	5.79	6.02
P4	数量(个)				4	14	23	28	41
	平均价格(M)				7.5	9.07	9.37	9.8	10.74
	单位毛利(M)				2.5	4.07	4.37	4.8	5.74
单位毛利排名情况	最高	P1	P2	P2	P2	P3	P3	P3	P3
	第二		P3	P3	P3	P2	P4	P4	P4
	第三		P1	P1	P4	P4	P2	P2	P2
	最低				P1	P1	P1	P1	P1

根据上面的市场分析可以看到如下几点。

(1) P1产品在第一年是唯一的产品，第2、第3年新产品刚进入市场还没有成熟的时候，仍应考虑保留，以保障企业的现金回流，第4年后，毛利进一步降低，随着新产品趋向成熟，可以考虑退出市场，或仅保留毛利高的国际市场。

(2) P2产品在第2到第4年是获利最高的产品，应该优先考虑在第1年和第2年进行研发，作为第2到第4年的主打产品。到第5年，P2的毛利开始下降，这时应该研发更高端的产品来保持企业利润，P2 维持或退出。

(3) P3 产品在第 2 到第 4 年获利情况一般，但是到了第 5 年毛利最高，所以应该在第 3、第 4 年研发 P3 产品，并作为第 5 年到第 8 年的主打产品。

(4) P4 产品第 4 年才开始有少量的需求，并在第 6 年成为获利第二高的产品。可以根据公司的资金状况在后期研发 P4 产品。

二、产品研发策略的博弈分析

根据前面的分析，一般情况下应该是在前期研发 P2，后期研发 P3 或 P4。可是由于整个市场的容量是有限的，某家企业获取订单多，那么其他企业获取订单就必然少，在模拟经营中，参与竞争的多家企业之间是一个常和博弈，因此整个研发策略，不在于选择哪个最赚钱的产品，而在于同其他竞争者进行博弈，选择一个空档产品进行研发，在某产品上获得垄断优势，这样可以在该市场投入"1M"广告获得较多的订单，避免多家企业在某一产品市场的激烈竞争。以下通过两个具体的模拟经营情境进行分析。

如在企业经营的第一年选择研发 P2 或 P3 时，通过前面的分析可知，P2 产品在前三年是主打产品，理论上应该研发 P2。可是由于这是一种竞争博弈，研发 P2 也不一定是最优策略。假设，在第 1 年，如果 6 家公司中的 5 家研发 P2，只有 1 家公司选择研发 P3。表 4-6 是对研发 P2 的 5 家公司和研发 P3 的 1 家公司第 2、第 3 年的获利情况进行比较。

表 4-6　1 家公司研发 P3 时第 2、第 3 年获利能力比较

年份	研发策略	市场总需求（个）	生产企业数（个）	平均需求（M）	平均价格（M）	单位产品毛利（M）	每家公司平均毛利（M）
第 2 年	研发 P2	16	5	3.2	6.6	3.6	11.52
	研发 P3	5	1	5	7.5	3.5	17.5
第 3 年	研发 P2	33	5	6.6	8.16	5.16	34.06
	研发 P3	16	1	16	7.81	3.81	60.96

从表 4-6 可以看出，如果只有 1 家公司选择研发 P3，则不论是在第 2 年还是在第 3 年研发 P3 产品的公司获利都更大，这还没有计算因为垄断而节省的大量广告费用。

如果有两家公司研发 P3，其余研发 P2，再进行比较，如表 4-7 所示。

表 4-7　两家公司研发 P3 时第 2、第 3 年获利能力比较

年份	研发策略	市场总需求（个）	生产企业数（个）	平均需求（个）	平均价格（M）	单位产品毛利（M）	每家公司平均毛利（M）
第 2 年	研发 P2	16	4	4	6.6	3.6	14.4
	研发 P3	5	2	2.5	7.5	3.5	8.75
第 3 年	研发 P2	33	4	8.25	8.16	5.16	42.57
	研发 P3	16	2	8	7.81	3.81	30.48

从表 4-7 可以看出，当有两家以上的公司研发 P3 产品时，则研发 P3 的公司处于劣势，如果有更多的公司研发 P3，那么研发 P2 则成为较优策略了。所以研发产品实际就是同竞争者进行博弈，能够避开多数竞争者的策略就是好的研发策略。

再如在第3年年底或第4年年初进行P3或P4产品的研发选择时，也是在进行同样的博弈。因为虽然P4产品需求小，且价格低，但是如果其他公司在后期都研发并生产P3，只有1家公司研发并生产P4，则研发P4产品将是较优的产品研发选择，如表4-8所示。

表4-8 1家公司研发P4时第5、第6年获利能力比较

年份	研发策略	市场总需求(个)	平均需求(个)	平均价格(M)	单位产品毛利(M)	每家公司平均毛利(M)
第5年	研发P3	33	6.6	8.47	4.47	29.50
	研发P4	14	14	9.06	4.06	56.84
第6年	研发P3	46	9.2	8.23	4.23	38.92
	研发P4	23	23	8.84	3.84	88.32

同样，如果反过来，大家都研发P4，则研发P3成为较优策略，而研发P4的公司将惨淡经营，这在全国性企业经营沙盘比赛中也时有出现。

因此研发产品实际就是尽量避开多数竞争者，当然由于经营一般是无法掌握竞争者的具体研发策略的，所以尽管经营者努力避开竞争，难免还是会同多数竞争者研发了一样的产品，因此在产品研发的竞争中，没有最优的策略，只能根据竞争对手的情况灵活变动。

任务三 开拓市场策略

【知识目标】

✧ 了解市场开拓的意义；
✧ 掌握市场开拓的影响因素。

沙盘微课堂-开拓市场策略

【能力目标】

✧ 能根据企业战略选择合适的市场进行开拓；
✧ 能合理安排市场开拓进度。

【任务引入】

企业经营沙盘经营到第2年年末，第1年企业已经在所有市场和ISO认证都进行了投资，现年末又需要对市场开拓和ISO认证投资进行决策，即需要开拓哪些新市场，是否需要投资ISO认证，进行什么类型的ISO认证。公司的几个成员进行了激烈的争论。营销经理认为本年度由于选单情况不理想，公司积压了6个P1库存，第3年P1产品的销售压力非常大，而且可以预料后续年度的市场竞争也会很激烈，因此主张应该继续开拓所有市场并进行ISO认证投资，以确保产品能够销售出去。生产经理补充说，如果企业产品都无法卖出去，那么生产再多的产品也没有用，卖不出去就没法盈利，企业的生存都成问题，何谈取得竞争的胜利。财务经理反驳说，公司目前的财务非常困难，如果所有市场同时开发，资金压力太大，可能会导致资金断流，这样不要说后续的经营，公司现在就要破产了，因此主张有选择地进行市场开发。公司的CEO最后拍板说，区域市场已经开拓成功，国内市场和亚洲市场开拓周期相对短，资金投入也不大，国际市场开拓周期较长，所以应该继续开拓国内和亚洲市场，暂停开拓国际市场。

任务：你赞成谁的说法呢？企业应该如何进行新市场的开拓？

知识链接

一、市场开拓的意义

市场经济的实质是竞争经济，作为市场主体的企业，要想在激烈竞争的市场上稳健发展，必须建立明确而稳定的市场，并不断开拓新的市场。因为生产者生产的商品，只有通过市场销售出去，才能使商品资金转变为货币资金，使生产过程所消耗的劳动得到价值补偿，同时获得必要的资金积累，这样，企业才有可能继续进行和扩大生产。目前企业之间的竞争已经白热化，“酒香不怕巷子深”的时代早已远去，企业想要不断地发展壮大，就必须不断地增加企业的销售量，如果企业将产品仅仅局限在一个市场，由于市场竞争异常激烈，销售额必然难以上升。因此为了让企业能够不断发展壮大，企业必须开拓新的市场，以提升企业的市场份额。

二、市场开拓规则

在企业经营模拟中，有五个主要市场，分别是本地、区域、国内、亚洲和国际市场，除了本地市场已经开拓外，其他市场均需要模拟企业自行安排开拓。每个市场具体的开拓规则见表4-9。

表 4-9　市场开拓规则简表

市　场	开　发　费	时　间	
本地	已开拓	0	开发费用按开发时间在年末平均支付，平均每年年末支付1M，不允许加速投资。将投资放在准入证的位置处，市场开发完成后，领取相应的市场准入证
区域	1M/年	1	
国内	1M/年	2	
亚洲	1M/年	3	
国际	1M/年	4	

每个市场开发每年最多投入1M，允许中断或终止，不允许超前投资，中断后可以继续投资。投资时，将1M投入到“市场准入”的位置处，允许多个市场同时开发，换取准入证后，将其放在盘面的相应位置处。只有拿到准入证才能参加相应市场的竞单。

三、市场开拓策略分析

1. 细分市场特征分析

为了确定市场开拓策略，先要对各个细分市场进行详细的分析，准确把握各市场的特征，方能做出正确的市场开拓策略。

根据市场分析中的相关数据，可以得到各市场的总体需求情况，计算出平均价格和单个产品的毛利情况，如表4-10所示。

表 4-10 各市场需求情况表

产品	分析项目	本地	区域	国内	亚洲	国际	合计
P1	数量(个)	106	22	49	49	60	286
	价格(M)	4.4	4.8	4.1	3.6	5.1	
	平均毛利(M)	2.4	2.8	2.1	1.6	3.1	
P2	数量(个)	81	47	52	54	35	269
	价格(M)	7.2	6.5	6.7	5.7	7.6	
	单位毛利(M)	4.2	3.5	3.7	2.7	4.6	
P3	数量(个)	77	45	60	55	17	254
	价格(M)	9.0	8.8	9.5	9.9	8.6	
	单位毛利(M)	5.0	4.8	5.5	5.9	4.6	
P4	数量(个)	33	30	19	20	8	110
	价格(M)	9.5	10.0	10.0	10.6	9.4	
	单位毛利(M)	4.5	5.0	5.0	5.6	4.4	
总需求(个)		297	144	180	178	120	
年平均需求(个)		37.1	20.6	30	35.6	30	
总获利(M)		1136.5	586.2	723.8	660.6	462.8	
平均获利(M)		3.8	4.1	4.0	3.7	3.9	

注：① 各市场的总需求是指各产品第 1 至第 8 年在对应市场的需求加总；

② 价格是指该市场上第 1 至第 8 年在对应市场的价格的平均，等于∑(产品各年需求数×各年单价)÷该产品总需求；

③ 各市场的总需求各产品在该市场上需求的汇总，而年平均需求是指该市场开拓成功后的年平均需求数；

④ 获利情况是指各产品在该市场的获利总和，即等于各产品总需求×平均毛利的总和。

从表 4-10 可以看出，五个市场中，本地市场年平均需求最大，总获利能力最高，但单位产品平均获利倒数第二；区域市场年平均需求数最少，但是单位产品平均获利最高；国内市场年平均需求数居于中间，总获利和单位获利能力均居第二位；亚洲市场的年平均需求数第二，但是单位产品平均获利最低；国际市场年平均需求数和单位产品获利能力居中间，而后期的 P1 产品毛利明显较高。所以，如果企业 P1～P4 四种产品都生产，那么企业应该重点开发国内市场，如果在经营后期企业还想生产 P1 产品，那么国际市场的开拓就显得非常必要。

2. 市场开拓影响因素

区域市场开拓费用少，周期短，能在前期较大幅度增加需求，所以一般都会优先开拓。其他市场的开拓策略不仅取决于各市场的特征，而且受企业的产品策略、企业的生产能力、企业的财务状况等多种因素的影响。

(1) 企业产品策略。每个市场上各产品的需求和单价都不一样，因此企业的产品策略必然会影响到企业的市场策略。对于 P1 产品来说，国际市场价格最高，需求数量也较高，国内市场和亚洲市场则需求较低，而且价格太低，尤其是亚洲市场，平均毛利只有 1.9M，在所有产品的所有市场中是最低的。因此对于重点发展 P1 产品的企业来说，国际市场应该是需要首先开拓的，而亚洲市场则可以放弃。

对于P2产品来说，本地市场需求最大，价格也不低；第5年后，P2的国际市场价格最高，年平均需求也较大；国内市场的价格和需求量排名第三；而亚洲市场的毛利最低，需求相对较多。因此对于重点发展P2产品的企业来说，国内市场和国际市场应该首先开拓，亚洲市场要依据P2的总体产能规划来确定，如果计划大幅度扩大产能，应该考虑开发，如果产能一般，可以考虑放弃该市场。

对于P3产品来说，本地市场需求最大，价格排名第三；国内市场需求和价格都排名第二；亚洲市场则价格最高，需求量排名大于区域而略少于国内市场，而国际市场需求量最小，价格最低，因此对于重点发展P3产品的企业来说，亚洲市场和国内市场应该是需要首先开拓的，而国际市场则可以放弃。

对于P4产品来说，本地市场需求最大，价格排名倒数第二，亚洲市场则价格最高，需求量排名居于中间，而国际市场需求量最小，只有5，价格也最低，因此对于重点发展P4产品的企业来说，本地市场已经开拓完毕，不需开拓，所以亚洲市场应该首先开拓，而国际市场则可以放弃。

当然企业产品策略一般都不是采取单一产品策略，多数时候是采取产品组合策略，如P1、P2、P3，P1、P2、P4，P1、P3、P4等。如果企业采取的是产品组合策略，大家可以根据上述方法对这几种产品策略组合进行综合分析进而得出企业应该优先开拓的市场。

经过多次的企业经营沙盘实战，总结出如下结论。

① 对于主攻P1、P2产品的生产和销售的企业，国际市场开拓非常必要，亚洲市场则可以考虑放弃。

② 主攻P3或P4产品的企业，可以考虑放弃国际市场。

③ 对于主攻P2、P4和P2、P3的企业，一定要根据规则，对市场进行细致分析，制订灵活的应变计划。

④ 如果企业扩张规模较大，一般需要开拓更多的市场，实际上开拓市场的成本还是相对较低的，一般多产品组合的企业都应该拥有四个以上细分市场。

(2) 企业的生产能力。企业的生产能力大小决定了企业可供销售的产品数量，而产品的数量直接影响到市场的开拓。如果企业的产能非常大，那么企业为了保证产品能够全部销售出去，就必须开拓所有的产品市场。反之，如果企业的生产能力很小，只有一两条生产线，那么企业就只需挑选一个或者两个市场进行开拓。

(3) 企业的财务状况。在企业经营沙盘中，前三年资金是最紧张的，而市场开拓也需要相应的资金，因此市场的开拓也必然受制于企业的现金额。由于市场开拓费用直接计入综合费用，因此市场开拓将直接降低企业的所有者权益，所以，有时候为了保住所有者权益，以便获取更多的贷款，也会暂时放弃某个市场的开拓。

3. 市场开拓策略

(1) 集中性策略。集中性策略指企业为了节约开拓费用以及后期的广告费用，而只开拓其中一个或者几个对企业有利的市场。这种策略的好处是可以节省市场的开拓费用，并且由于后期市场少，企业就可以集中性地去投广告，也可以节省不少广告费。

(2) 全覆盖策略。全覆盖策略是指企业同时开拓所有市场。这种策略的好处是可以保证企业的产品有足够的地方去销售，缺点是占用的资金太多。

(3) 补缺策略。补缺策略是基于市场竞争对手的一种策略。在企业着手开拓新市场之前，该市场可能已有先导者，在企业考虑是否要开拓的同时，周围也存在很多潜在竞争者，如果企业一味强行开拓，面对强劲竞争对手，就会导致企业耗费很多不必要的精力和财力。如果企业能够避开竞争者，找一些企业开拓较少的市场进行开拓，将起到事半功倍的效果。

4. 市场开拓进度安排

在确定企业需要开拓的市场后，首先要考虑的就是要确定企业应该在什么时候开始开拓新的市场，这主要取决于两个因素：一是这个市场什么时候开始有指定产品的市场需求，二是企业什么时间需要在这个市场销售相应的产品。结合这两个要求，确定好企业需要在这个市场销售产品且市场上有这个产品需求的时间后，根据市场开拓需要的时间往前倒推就可以知道企业开始开拓该市场的时间。如从第 5 年开始国际市场就有 P3 产品的市场需求，企业想利用第 6 年的国际市场来销售 P3 产品，由于开拓国际市场需要 4 年时间，因此企业最迟应该从第 2 年开始就开拓国际市场。

任务四　产销平衡分析

【知识目标】

✧ 掌握生产与营销平衡分析技术。

【能力目标】

✧ 能进行生产与营销平衡。

沙盘微课堂-产销平衡分析

【任务引入】

D 公司在第 2 年因为只有一条全自动线生产 P2，生产能力不足，错失了获得 P2 高价位订单的机会，所以在第 2 年经营的时候，D 公司管理层上了 3 条全自动线生产 P2，希望可以在第 3 年以 4 条全自动线生产 P2 的强大生产能力，获得多数 P2 的高价订单。可是到了第 3 年订货会的时候，D 公司发现很多竞争对手都在争夺 P2 的订单，D 公司只获得 6 个 P2 的订单，而公司一共可以产出 13 个 P2，预计会产生 7 个 P2 的产品库存，资金也将周转不灵，如果不采取措施，公司将有破产或资金断流的危险。

任务：你认为 D 公司应该如何做好生产与营销的平衡策略。

知识链接

一、生产战略与营销战略的平衡

在新经济时代，市场环境发生了巨大变化，国际竞争日趋激烈，顾客要求日益个性化，产品生命周期不断缩短，片面强调生产或营销都难以应付企业的生存和发展。为了迎接竞争挑战，一种崭新的经营方式正在兴起，这便是营销战略同生产战略的整合。在企业的战略体系中，营销战略和生产战略都是职能战略，对企业战略的实施起重要的支持作用，营销战略同生产战略的整合能为企业创造最佳整体效果，所以，营销战略同生产战略之间应保持一种协调一致的关系。但是由于两部门具有不同的分工和利益，在运作中会产生很多分歧。要解决这些分歧，二者不但应在企业竞争优势的来源上达成共识，而且应在部门决策上保持平衡。

二、营销与生产能力平衡

企业只有将产品生产出来，才能实现销售。企业也只有准确地计算出每个季度的产能，才能准确地拿单。营销和生产战略的平衡，需要营销经理、信息经理和生产经理共同配合，一起讨论，共同制订发展战略。

1. 营销经理准确预测市场，合理预计销售订单

实际经营中企业要准确预测市场需求，所以企业应当对市场预测图进行充分的分析，分析各个市场上产品的预计销售数量、预计销售单价、有无销售条件的限制等。然后，为了能准确地进行广告投放，应初步预计可能的订单数量。

在进行市场预测时，为了便于了解各个市场的情况，可以编制"市场需求预测表"，如表 4-11 所示。

表 4-11 市场需求预测表

市 场	第 年			
	产品	预计总需求量(个)	预计单价(M)	预计订单量(个)
	P1			
	P2			
	P3			
	P4			

2. 信息经理要收集竞争对手资料

模拟企业应对竞争对手进行充分的了解，从对手的市场开拓、预计产品可销售量、资金状况等方面分析对手可能的市场策略。

通过分析对手的市场开拓情况，明确各个市场的竞争状况，可以避免浪费广告费。比如，在某年只有本组和 B 组开发了亚洲市场就没有必要投放过多的广告费。对手的市场开拓情况一般可以在市场调查时获得。

通过对竞争对手的产量情况进行分析，可以看出各种产品在市场上的竞争激烈程度。一方面可以有针对性地投放广告，更重要的是为生产和营销平衡提供了关键的信息。

对竞争对手的产量分析，应该从对手的生产线、产品开发、资金状况等方面着手。可以设计一张产品产量预测表，如表 4-12 所示，并将分析的结果填制在预测表中。

表 4-12 第 年各组产品产量预测表 单位：个

产品名称		A 组	B 组	C 组	D 组	E 组	F 组	……	合计
P1	期初库存								
	预计完工								
	合计								
P2	期初库存								
	预计完工								
	合计								

续表

产品名称		A组	B组	C组	D组	E组	F组	……	合计
P3	期初库存								
	预计完工								
	合计								
P4	期初库存								
	预计完工								
	合计								

3. 生产经理做好产能规划

通过对比表 4-11 每个产品的总需求量和表 4-12 每个产品预测的产量合计。如果某产品的总需求大于所有公司的产量合计,那么企业可以考虑适当扩大产能,企业生产某种产品的产能最好不要超出具备生产该产品资格的公司数的平均需求数量太多,否则会面临激烈的市场竞争。如果某产品的总需求小于所有公司的产量合计,那么公司短期的策略应该是增加广告投入量。如果预计某产品的总需求会长期小于所有公司的产量合计,那么公司应该考虑如下两个策略。

第一个策略是把一些生产线转产其他产品,或变卖一些生产线。否则,就算短期内提高广告获得了足够的销售订单,因为对手没有获得足够的订单,就会在下一年度大幅度增加广告费,让本公司竞争不到订单而产生较大量的库存,而为了清掉这些库存,必然又会增加广告费。如此循环,生产该产品的公司都会面临困境,最后让没有生产这种产品的对手获胜。

第二个策略是在当期以较高广告费获得订单后,预计到对手有较多库存,并且资金已经比较紧张,所以在下一个年度,投入更高的广告费获得更多的订单,让对手产生更多的产品积压,最后使对手破产或资金断流,从而使产能和市场需求得到平衡。

训练情境三　实训第三年经营

本年度进入科学管理时期，主要的训练任务是根据订单和制订的生产计划编制采购计划表；第三年经营结束后编制利润表。在企业模拟经营中掌握盈亏平衡分析法。

任务一　制订采购计划

【知识目标】

✧ 了解原材料采购计划的概念、内容和制订方法；

✧ 明确企业经营沙盘操作过程中原材料采购的步骤和相关注意点。

【能力目标】

✧ 能制订模拟企业的原材料采购计划。

沙盘微课堂-制订采购计划

【任务引入】

P1 和 P2 产品是公司的主要产品，所以很多公司的采购经理都认为 R1 和 R2 的原材料一定要充足，保证生产线一直是在生产状态，通常都会下大量的 R1 和 R2 原材料订单，并且库存很多。企业的资金因为大量采购原材料变得颇为紧张；与此同时刚刚研发投产的 P3 产品需要的 R3 原材料却没有提前两个季度订购，导致生产线即将停产，营销经理也会因此错失很好的竞单机会。

任务：根据公司的生产状况制订生产与物料需求和物料采购计划，如表 5-1 和表 5-2 所示。

表 5-1　第三年生产与物料需求表

编号	生产线类型	产品	内　容	本年 1Q	本年 2Q	本年 3Q	本年 4Q	下年 1Q	下年 2Q
L1			产出						
			投产						
			原材料需求						
L2			产出						
			投产						
			原材料需求						

续表

编号	生产线类型	产品	内容	本年1Q	本年2Q	本年3Q	本年4Q	下年1Q	下年2Q
L3			产出						
			投产						
			原材料需求						
L4			产出						
			投产						
			原材料需求						
L5			产出						
			投产						
			原材料需求						

表 5-2　第三年物料采购计划表　　单位：个

原材料种类	内容	本年 1Q	本年 2Q	本年 3Q	本年 4Q	下年 1Q	下年 2Q
R1 原材料	毛需求数						
	现有库存						
	计划收到		—	—	—	—	—
	净需求						
	提前期	←提前 1 个季度下订单					
	采购计划						
R2 原材料	毛需求数						
	现有库存						
	计划收到		—	—	—	—	—
	净需求						
	提前期	←提前 1 个季度下订单					
	采购计划						
R3 原材料	毛需求数						
	现有库存						
	计划收到			—	—	—	—
	净需求						
	提前期	←提前 2 个季度下订单					
	采购计划						

知识链接

一、采购管理基础知识

1. 采购计划的概念

采购计划，是指企业管理人员在了解市场供求情况，认识企业生产经营活动过程和掌握物料消耗规律的基础上，对计划期内物料采购管理活动所做的预见性安排和部署。

2. 编制采购计划的目的

采购计划是为维持正常的产销活动，在某一特定期间内，应在何时购入何种物料，以及订购的数量为多少的一个作业计划。制订采购计划需要根据市场的需求、企业的生产能力或销售战略和采购环境等制订采购清单和采购日程表。具体来说，采购计划应达到以下目的。

(1) 估计所需的物料数量与时间，保证生产的持续正常进行。

(2) 避免物料采购过多，造成库存积压。

(3) 配合公司生产计划与资金调度计划。

(4) 确定物料耗用标准，以便管制物料采购数量及成本。

二、采购需求分析

采购需求的确定是做好采购计划的关键。对制造企业而言，采购需求计划所应达到的目标是能够维持正常生产运行的同时尽量减少库存，节约库存成本，减少资金的占用，加速资金周转。因此，在编制采购计划时，计划人员要认真研究企业的生产计划，分析原材料市场情况，选择科学的计算方法，确定合理的采购数量。

采购需求分析流程如图 5-1 所示。

编制模拟企业的采购计划的具体步骤如下。

1. 模拟企业年初基本情况

第三年年初，企业没有成品库存，一共有 5 条生产线，包括 1 条半自动生产线，生产 P1；3 条全自动生产线，分别生产 P1、P2 和 P3 产品；1 条柔性生产线现生产 P2 产品，按照计划本年度可以生产 P2、P3 或 P1 产品，具体需要依据获得订单后才能确定生产什么产品，如图 5-2 所示。

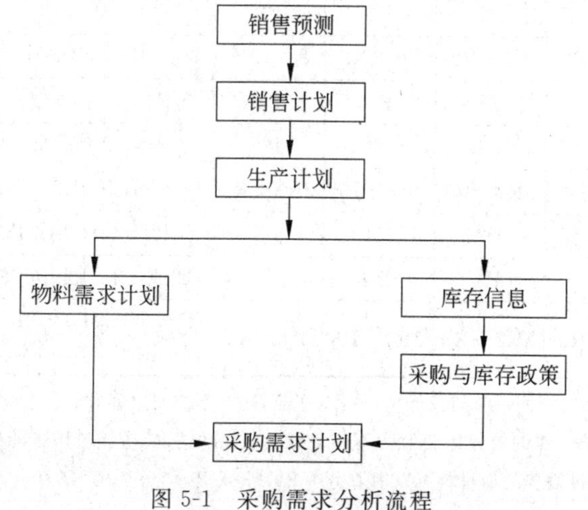

图 5-1　采购需求分析流程

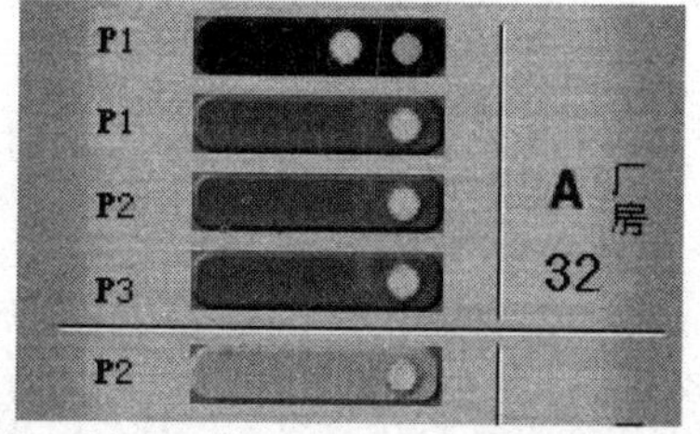

图 5-2　第三年年初生产线情况

第三年年初的原材料库存和订单情况如表 5-3 所示。

表 5-3 第三年年初的原材料库存和订单情况 单位：个

原材料类型	上二季度订单	上一季度订单	库存	合计
R1	—	3	1	4
R2	—	5	0	5
R3	2	2	0	4

2. 模拟企业第三年生产计划

根据图 5-1 的采购需求分析流程图，在制订采购计划前，必须先有销售计划和生产计划，之后编制出原材料需求计划。现在营销经理获得 6 个 P1 订单、6 个 P2 订单和 6 个 P3 订单。生产经理按照生产线生产情况，确定 1 条半自动生产线和 1 条全自动生产线生产 P1，共可以生产 6 个，1 条全自动生产线可以生产 4 个 P2；1 条全自动生产线可以生产 4 个 P3；柔性生产线第一和第二季度产出 2 个 P2，并在第三季度产出第二个 P2 的同时投产 P3，再生产 2 个 P3，年末继续生产第四年毛利大的 P2 产品。第三年生产计划如表 5-4 所示。

表 5-4 第三年生产计划表

编号	生产线类型	产品	内容	本年1Q	本年2Q	本年3Q	本年4Q	下年1Q	下年2Q
L1	半自动线	P1	产出	0	P1	0	P1	0	P1
			投产	—	P1	—	P1	—	P1
			原材料需求	0	R1	0	R1	0	R1
L2	全自动线	P1	产出	P1	P1	P1	P1	P1	P1
			投产	P1	P1	P1	P1	P1	P1
			原材料需求	R1	R1	R1	R1	R1	R1
L3	全自动线	P2	产出	P2	P2	P2	P2	P2	P2
			投产	P2	P2	P2	P2	P2	P2
			原材料需求	R1＋R2	R1＋R2	R1＋R2	R1＋R2	R1＋R2	R1＋R2
L4	全自动线	P3	产出	P3	P3	P3	P3	P3	P3
			投产	P3	P3	P3	P3	P3	P3
			原材料需求	2R2＋R3	2R2＋R3	2R2＋R3	2R2＋R3	2R2＋R3	2R2＋R3
L5	柔性线	P2/P3	产出	P2	P2	P3	P3	P2	P2 或 P3
			投产	P2	P3	P3	P2	P2 或 P3	P2 或 P3
			原材料需求	R1＋R2	2R2＋R3	2R2＋R3	R1＋R2	R1＋2R2＋R3	R1＋2R2＋R3

注：柔性线根据订单获取情况安排生产 P1、P2 或 P3，但同一时间只能生产一个产品，转产不需要时间和转产费，每个季度的产出产品是上一个季度投产的产品。在计划下一年的时候因为暂时不确定订单获取的情况，应该按照可能生产多种产品进行计划，如表 5-4 中 L5 的下年第一、二季度需要的原材料可以用来生产 P1、P2 或 P3。

3. 制订模拟企业第三年采购计划

由表 5-4 的生产计划，可以知道要在何时生产何种产品，再根据产品的 BOM 可以知道何时需要何种物料，需要采购的原材料的数量＝原材料的毛需求－已有库存－计划收到，最后根据采购提前期推算出需要采购的日期。

根据表 5-4 的生产计划，结合表 5-3 第三年年初的原材料库存和订单情况，制订第三年的物料采购计划，如表 5-5 所示。

第一步：将生产计划表中，每个季度的物流需求数汇总到毛需求数中。

第二步：填写库存，R1＋R2 的库存＝上期库存。

第三步：填写计划收到原材料，本行填入表 5-3 中上年预订本年对应季度能收到的原材料。

第四步：计算净需求，本期净需求＝(本期毛需求－库存－计划收到)，如果大于或等于 0，则为物料净需求，如果计算结果为负数，表示库存＋计划收到大于毛需求，则净需求为 0，把所得负数的相反数填入下期的库存数。

第五步：根据物料的净需求，按照订购提前期，提前相应季度下原材料订单。

表 5-5　物料采购计划表　　单位：个

原材料种类	内容	本年 1Q	本年 2Q	本年 3Q	本年 4Q	下年 1Q	下年 2Q
R1 原材料	毛需求数	3	3	2	4	3	4
	库存	1	1	0	0	0	0
	计划收到	3	—	—	—	—	—
	净需求	0	2	2	4	3	4
	提前期	←提前 1 个季度下订单					
	采购计划	2	2	4	3	4	
R2 原材料	毛需求数	4	5	5	4	5	5
	库存	0	1	0	0	0	0
	计划收到	5	—	—	—	—	—
	净需求	0	4	5	4	5	5
	提前期	←提前 1 个季度下订单					
	采购计划	4	5	4	5	5	
R3 原材料	毛需求数	1	2	2	1	2	2
	库存	0	1	1	0	0	0
	计划收到	2	2	—	—	—	—
	净需求	0	0	1	1	2	2
	提前期	←提前 2 个季度下订单					
	采购计划	1	1	2	2		

表 5-5 是按照零库存为原则制订的原材料采购计划，如果需要批量订购原材料来获得延迟付款，那么需要根据订货情况在“计划收到”中填写总的订购批量。

任务二　编制利润表

沙盘微课堂-编制利润表

【知识目标】

✧ 了解利润表的概念和结构；

✧ 掌握利润表的编制方法。

【能力目标】

✧ 能编制利润表并进行分析。

【任务引入】

公司在第三年的经营结束时，按照经营流程，应该编制模拟企业的利润表，模拟企业的成员以为第三年经营状况不错，应该有盈利，但是财务经理编制的财务报表显示利润是负的，公司的其他成员认为财务经理的利润表编制有问题，企业本年度不可能亏损。

任务：为公司制订正确的年度综合管理费用表和利润表，如表 5-6 和表 5-7 所示。

表 5-6 第三年综合管理费用明细表　　单位：M

项　目	金　额	备　注
管理费		
广告费		
维修费		
租金		
变更费		
市场准入开拓		□区域 □国内 □亚洲 □国际
ISO 资格认证		□ISO 9000　□ ISO 14000
产品研发		P2(　　) P3(　　) P4(　　)
其他		
合计		

表 5-7 第三年利润表

项　目	符号	第三年年初	第三年年末
销售收入	+		
直接成本	−		
毛利	=		
综合费用	−		
折旧前利润	=		
折旧	−		
支付利息前利润	=		
财务收入/支出	+/−		
营业外收入/支出	+/−		
税前利润	=		
所得税	−		
净利润	=		

知识链接

一、利润表编制的基础知识

利润表是企业在期末编制的重要报表之一，其反映企业经营成果，属动态报表。

1. 利润表的作用

利润表主要说明有关企业经营成果方面的情况，其反映企业一定会计期间的收入实现情况，如主营业务收入、其他业务收入、营业外收入等有多少。利润表也反映一定会计期间的费用耗费情况，如耗费的主营业务成本、主营业务税金、营业费用、管理费用、财务费用、营业外支出等；利润表还可以说明企业生产经营活动的成果。在第六年的经营中，还将具体说明将利润表中的信息与资产负债表中的信息相结合，进行模拟企业的财务分析、运营能力分析等。

2. 利润表的格式

利润表分成表头、表体以及表尾几部分。表头说明报表名称编制单位、编制日期、报表编号、货币名称、计量单位等；表体是利润表的主体，反映形成经营成果的各个项目和计算过程，表尾是补充材料，可以省略。

3. 利润表编制的步骤

(1) 根据原始凭证编制记账凭证，登记总账及明细账。

(2) 编制试算平衡表，进行会计账户正确性检验。

(3) 根据试算平衡表损益类账户的发生额，计算并填列利润表的各项目。

(4) 检验利润表的完整性及正确性。

(5) 编制人员和相关人员签字盖章。

二、企业经营沙盘利润表编制要求

1. 编制综合费用表

(1) 管理费：每个季度末支付的1M行政管理费，每年共计4M。

(2) 广告费：企业年初投放的广告总费用。

(3) 维修费：年底可投产的生产线需要支付1M维修费。

(4) 租金：已经使用的未购买的厂房需要支付厂房租金。

(5) 变更费：半自动生产线和全自动生产线转产需要支付转产费。

(6) 市场开拓费：当年用于开拓市场的费用。

(7) ISO认证费：当年用于ISO认证的费用。

(8) 产品研发费：当年用于产品研发的费用。

(9) 其他：主要是罚款和固定资产清理费。

以上前5项可以直接从企业经营沙盘盘面观察记录下来，第(6)～(9)项可以根据现金流量表的支出项目来确定本年度支付的费用。

2. 编制利润表

利润表的编制说明如表5-8所示。

表 5-8 利润表的编制说明

项　目	行次	数据计算方法
销售收入	1	订单记录表中的销售收入合计
直接成本	2	订单记录表中的成本合计
毛利	3	1 行数据－2 行数据
综合费用	4	广告费＋管理费＋维修费＋租金＋市场开拓费＋产品研发费＋ISO 认证费＋转产费＋固清＋其他
折旧前利润	5	3 行数据－4 行数据
折旧	6	上年设备价值 1/3(四舍五入取整)
支付利息前利润	7	5 行数据－6 行数据
财务收入/支出	8	长/短期借款、贴现、民间融资产生的利息支出
其他收入/支出	9	变卖生产线的收入等
税前利润	10	7 行数据＋财务收入(利息收入)＋其他收入－财务支出(主要指各种贷款利息)－其他支出
所得税	11	如果 10 行税前利润≤0,则所得税为 0; 如果 10 行税前利润＞0,则先弥补前 5 年亏损再乘以 25%,四舍五入取整
净利润	12	10 行数据－11 行数据

利润表中各项目的具体含义及其作用如下。

(1) 销售收入：销售收入是指企业在一定时期内销售产品而产生的货币收入总额，等于产品单价×产品销售数量。企业经营沙盘的销售收入，就是实际交货销售的产品销售订单上的销售额总计。

(2) 直接成本：企业经营沙盘中的直接成本就是构成产品的原材料费用和加工费(人工费)。

P1 产品的直接成本就是 1M 的 R1 原材料费用＋1M 的加工费＝2M。

P2 产品的直接成本就是 1M 的 R1＋1M 的 R2 原材料费用＋1M 的加工费＝3M。

P3 产品的直接成本就是 2M 的 R2＋1M 的 R3 原材料费用＋1M 加工费＝4M。

P4 产品的直接成本就是 1M 的 R2＋1M 的 R3＋2M 的 R4＋1M 的加工费＝5M。

注意：*以上是全部采用全自动或柔性生产线生产的直接成本，如果用半自动生产 P3、P4 或用手工线生产 P2、P3 和 P4 产品，直接费用将更高。*

(3) 毛利：是不扣除其他费用的利润。

(4) 综合费用：如表 5-8 所示。注意，在建的生产线不需要维修费，一旦安装完毕可投产就要 1M/年的费用。

(5) 折旧前利润：未提折旧前的利润。因为折旧是企业固定资产中一个重要项目，所以需要特别考虑。

(6) 折旧：折旧是指在固定资产使用寿命内，按照一定的方法对其价值损耗进行系统分摊。随着折旧的计提，固定资产的价值逐年降低。企业经营沙盘规则说明，当年建成和已出售的生产线不计提折旧。为操作方便，厂房不计提折旧。

(7) 支付利息前利润：就是支付各种借款利息前的利润。

(8) 财务收入/支出：财务收入一般是指款项存入银行的利息收入。支出是指因为各种融资方式产生的成本，比如贷款利息等。

(9) 其他收入/支出：其他收入主要是变卖生产线的收入；其他支出主要是违约罚金的支出。

(10) 税前利润：未扣除所得税之前的利润。

(11) 所得税：指国家对法人、自然人和其他经济组织在一定时期内的各种所得征收的一类税收。和其他税种一样，具有强制性。企业经营沙盘规则中，有以下几种情况特别要注意。

① 当年税前利润为正数，且以前年度没有亏损，按照所得税率缴纳所得税。

② 当年税前利润为零或负数，不用缴纳所得税。

③ 当年税前利润为正数，但是以前年度有亏损，弥补亏损部分不需要缴纳所得税，最多可以弥补最近5年的亏损，弥补亏损后按照所得税率缴纳所得税。

(12) 净利润：与税前利润相比，净利润是缴纳所得税之后的利润，又称纯利润，体现了一个企业经营的最终成果。净利润高，代表企业的经营效益就好；反之，企业的经营效益就差，是企业经营者们很注重的一个数据。

任务三　盈亏平衡分析

【知识目标】

✧ 了解企业固定成本和直接成本；
✧ 掌握盈亏平衡分析方法。

【能力目标】

✧ 能进行盈亏平衡分析。

沙盘微课堂-盈亏平衡分析

【任务引入】

第三年的经营结束，各公司财务经理编制完财务报表，发现有些企业利润很丰厚，有些企业仍然亏损严重。那些经营不善的公司往往把原因归结为广告投资失误、订单太少、销售额太低，没有及时贷款等。实际上多数公司都是在盲目经营，没有在经营前进行深入的分析。

任务：请对公司第三年的经营进行盈亏平衡分析。

知识链接

一、盈亏平衡分析概述

盈亏平衡分析中，首先要把企业的生产总成本分为固定成本和变动成本(沙盘中又称为直接成本)。固定成本是指成本总额在一定时期、一定业务量范围内不受业务量增减变动影响而固定不变的成本，如固定资产折旧费、办公费等。直接成本是指成本总额在一定时期、一定业务量范围内随业务量增减变动而成正比例增减变动的成本，如直接用于产品生产的原材料、燃料和计件工资等。量本利分析法常用来进行盈亏平衡分析和经营安全状况分析。

1. 盈亏平衡方程式

在不考虑销售税金的情况下，量、本、利三者之间的关系可以用公式表示如下。

销售额＝销售单价×销售量

总成本＝固定成本＋单位产品直接成本×销售量

利润＝销售单价×销售量－总成本

销售收入、成本和利润三者之间的关系如图 5-3 所示。

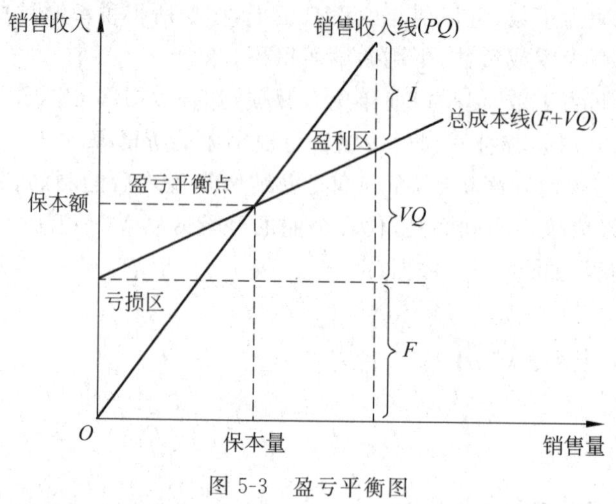

图 5-3 盈亏平衡图

由盈亏平衡图可以看出，企业销售收入与销售量成正比，在销售价格一定的情况下，销售量越多，则企业销售收入越大；企业的利润随着销售量的增减而增减，要达到预期的利润目标，必须以一定的销售量为基础。销售量不仅受企业自身生产能力的影响，还受市场销售状况的制约。企业生产和销售多少产品才能保证不亏损、价格维持在什么水平最好等问题，是盈亏平衡分析的主要内容。

2. 边际贡献分析

(1) 边际贡献＝销售收入－直接成本。

这是进行产品生产决策的一个十分重要的指标，也是人们通常所说的产品毛利。

(2) 边际贡献率＝(边际贡献÷销售收入)×100%。

(3) 加权边际贡献率＝($\sum$ 各产品边际贡献 ÷ $\sum$ 各产品销售收入)×100%。

3. 盈亏平衡分析

盈亏平衡点是企业的生产经营活动处于保本状态，即 $I=0$。当销售量大于盈亏平衡点的销售量时，企业可以获利；当销售量小于盈亏平衡点的销售量时，企业出现亏损。求盈亏平衡时的销售量的公式如下。

$$\text{盈亏平衡销量}=\frac{\text{固定成本}}{\text{销售单价}-\text{单位产品直接成本}}$$

上面的公式还可以表示为

盈亏平衡销量＝固定成本÷边际贡献率

4. 经营安全状况分析

量本利分析法还可以对企业经营安全状态进行分析。企业经营的安全状况，可以用经营安全率来表示，经营安全率的计算公式如下。

安全边际＝正常销售额－盈亏临界点销售额

经营安全率＝(安全边际÷正常销售额)×100％

可见，安全边际率越大，说明企业越安全，一般认为，安全性的范围和判断标准如表 5-9 所示。

表 5-9　企业经营安全状况

经营安全率	＞30％	25％～30％	15％～25％	10％～15％	＜10％
经营安全状况	安全	比较安全	不太好	要警惕	危险

二、企业经营沙盘中的盈亏平衡分析

企业经营沙盘中的固定成本包括行政管理费、广告费、维修费、租金、转产费、市场开拓费、ISO 认证费、产品研发费用、折旧、利息和罚款等其他支出。变动费用主要是原材料和人工费用。

1. 分析企业的安全边际率

以企业经营模拟第三年操作为例，假设在召开第三年新年度会议时，模拟企业的情况为：自有大厂房一间，内设 4 条生产线，分别为手工线(原值 5M，已计提折旧 5M，设备价值为 0)、半自动线(原值 8M，已计提折旧 6M)、2 条全自动线(原值 16M，第二年开始生产，没有计提折旧)，根据规则，在本年度，手工线不需计提折旧，半自动线需要计提折旧 1M。加工中产品上年度末生产情况如图 5-4 所示。

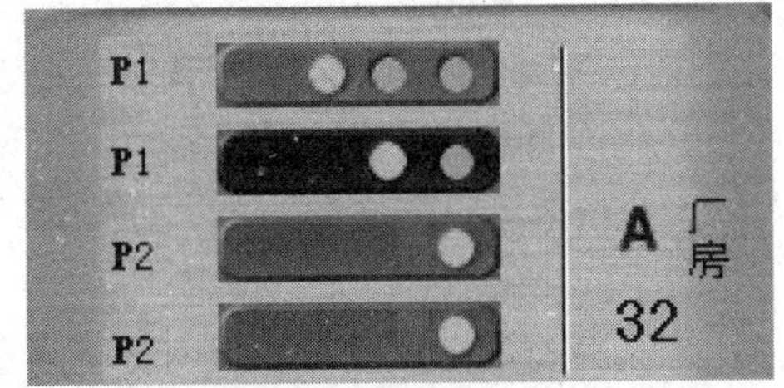

图 5-4　上年度末生产情况

原材料库存有 1 个 R1，2 个 R2；产成品库有 3 个 P1 产品，1 个 P2 产品；有 R1、R2 原材料订单各一个。财务方面：现金库有现金 21M，应收账款 9M，在 2Q 位置，长期贷款 40M，3Y，没有短期贷款，根据财务报表数据，公司权益为 40M。产品研发方面企业已经有 P1、P2 产品的生产资格，本年第三季度开始投入 P3 研发，两个季度费用 4M；市场方面：本地和区域市场已开拓，投资国内、亚洲和国际市场共 3M，ISO 9000 资格刚取得，ISO 14000 已经投资一年，希望继续投资 1M。另外，P1 的直接成本为 2M(1M 原材料 R1 和 1M 加工费用)，P2 产品的单位直接成本为 3M(1M 原材料 R1、1M 原材料 R2 和 1M 加工费用)。

假设企业投放 7M 的广告费，竞得 4 张订单，如表 5-10 所示。

表 5-10　竞得订单统计表

编号	产品	市场	数量(个)	单价(M)	金额(M)	账期(季度)
1	P1	本地	2	5	10	2
2	P1	本地	3	6	18	1
3	P2	本地	3	7	21	3
4	P2	区域	5	8	40	2

由于模拟企业资金不足，经营者决定柔性生产线暂时不购建。

量本利分析过程如下。

销售收入 = 10M + 18M + 21M + 40M = 89M

折旧费 = 手工线折旧额 + 半自动线折旧额 + 全自动线折旧额

= 0 + 1 + 16/3(4 舍 5 入) × 2

= 11M

固定销售费用 = 年初投放的广告费 + 市场开拓 + ISO 14000 = 7M + 3M + 1M = 11M

固定管理费用 = 管理费 + 维修费 + P3 产品研发费 = 4M + 4M + 4M = 12M

财务费用 = 4M

直接成本 = 5P1 成本 + 8P2 成本 = 2M × 5 + 3M × 8 = 10M + 24M = 34M

综上可以计算总成本为 = 11M + 11M + 12M + 4M + 34M = 72M

利润 = 销售收入 − 总成本 = 89M − 72M = 17M

第一张单 P1 的单价为 5M；第二张单 P1 的单价为 6M；第三张单 P2 的单价为 7M；第四张单 P2 的单价为 8M。

计算出加权平均边际贡献率 =(3/5 × 10/89 + 4/6 × 18/89 + 4/7 × 21/89 + 5/8 × 40/89) × 100% = 62%

此状态下的盈亏临界点销售额 = 固定成本 / 边际贡献

= (11 + 11 + 12 + 4) ÷ 62% = 61.3M

安全边际率 = 安全边际 ÷ 正常销售额 × 100% = (89 − 61.3) ÷ 89 = 31.1%

说明此时这样的操作很安全。

2. 分析盈亏平衡产量

上例中，

公司的固定成本＝折旧费＋固定销售费用＋固定管理费用＋财务费用

＝11M＋11M＋12M＋4M＝38M

加权平均计算出各产品在各市场的所有年数的平均价格为 P1＝4.24M；P2＝7.64M；P3＝8.08M；P4＝7.5M。

根据公式：

$$盈亏平衡销量=\frac{固定成本}{销售单价-单位产品直接成本}$$

计算各产品的盈亏平衡产量如表 5-11 所示。

表 5-11 盈亏平衡产量计算表

产品	固定成本(M)	平均单价(M)	直接成本(M)	毛利(M)	盈亏平衡产量(个)
P1	38	4.24	2	2.24	17
P2	38	7.64	3	4.64	9
P3	38	8.08	4	4.08	10
P4	38	7.5	5	2.5	16

由表 5-11 可以看出，在目前的经营状况下，需要生产 17 个 P1，或 9 个 P2，或 10 个 P3，或 16 个 P4 企业才能开始获利。

当然，每年产品平均价格并不相同，P1 和 P2 的价格呈下降趋势，经营后期需要生产更多产品才能达到盈亏平衡，而 P3 和 P4 的价格呈上升趋势，经营后期生产较少数量就可以达到盈亏平衡。

三、企业盈利的途径

根据盈亏平衡分析结果，要使企业获利，通常有如下途径。

(1) 控制企业的固定成本。如不要同时研发多种产品，控制研发费用；尽量避免采用利率较高的民间融资；广告应该控制在一定幅度；尽量采用效率高而折旧不是很高的全自动生产线。

(2) 同时生产两种以上产品。采用多产品组合的生产方式可以较容易地获得大于盈亏平衡产量的销售订单。

(3) 多生产销售毛利高的产品。如生产第二到第四年的 P2 产品和生产 P3、P4 产品，能以较少的产量达到盈亏平衡点。

(4) 在保证资金和销售订单的前提下，尽量扩大企业的产能。

总之，要让企业盈利就是要开源节流，开源就是努力扩大销售，节流就是要尽量降低成本。

开源可以通过扩大市场范围、进行品牌认证、研发新的产品、研究竞争对手、改进生产设备和增加新生产线来增加企业的销售额，通过销售额增加而使企业净利润增加，如图 5-5 所示。

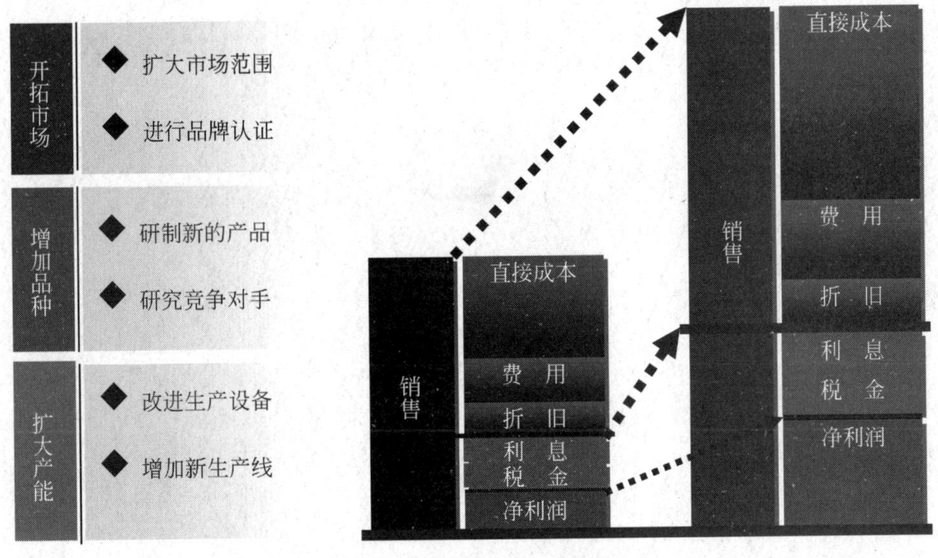

图 5-5　开源—努力扩大销售

节流可以通过降低原材料费用、加工费用、广告费用、租金维修费用、折旧费用、研发费用、利息费用、行政管理费用等各种费用而使企业的净利润增加，如图 5-6 所示。

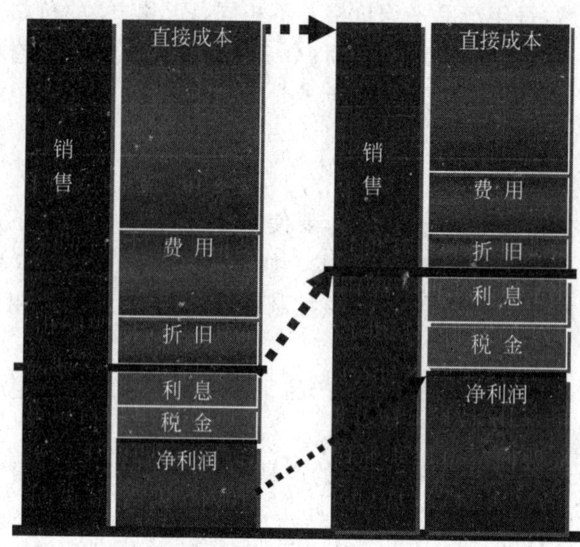

图 5-6 节流—尽力降低成本

训练情境四　实训第四年经营

本年度进入全面预算管理时代，主要训练任务是要求学员根据订单、生产计划和采购计划编制年度财务预算；第四年末学习编制资产负债表，初步掌握融资策略。

任务一　财务预算

【知识目标】

沙盘微课堂-财务预算

✧ 明确企业经营沙盘中财务预算的重要性；
✧ 了解财务预算的概念；
✧ 掌握财务预算的方法。

【能力目标】

✧ 能根据企业经营沙盘的特点进行财务预算。

【任务引入】

在刚刚过去的第三年经营中，不少企业因为扩张太快，感觉到资金不足，有断流的危险；也有个别企业因为担心资金不足，保守经营，不扩张生产设备，直到第四年年初仍只有1条全自动生产线、1条半自动生产线和2条手工生产线，因为产能不大，错失了企业发展的良机，使企业的发展明显落后于其他企业。

任务：在模拟企业开始第四年经营之前，为模拟企业做好财务预算。

知识链接

一、财务预算基础知识

财务预算是一系列专门反映企业未来一定期限内的预计财务状况和经营成果，是指企业在了解过去、分析现在和预测将来的基础上，对企业即将开始的资金运动过程和结果进行事先的预测和安排，以及现金收支等价值指标的各种预算的总称。

财务预算是企业资金运动的起点。它从制订计划开始，再根据计划组织实施，直到最终根据计划执行的进度和情况进行分析，进而评价各个职能部门的业绩，达到了企业高效管理的目的。可见，企业财务预算编制得好坏不仅影响到财务管理工作质量，更为重要的是将会影响到整个企业经营活动的全过程。

二、企业经营沙盘中的财务预算

在企业经营模拟中，管理团队接管的是刚起步的模拟企业，要承担各种费用和债务。如果没有做好财务预算，稍有不慎，刚起步的模拟企业很容易陷入资金断流的尴尬局面。财务预算还可以解决如何把钱用在刀刃上的问题。

1. 如何编制财务预算

在预算编制之前，模拟企业的CEO要同财务经理、营销经理、采购经理、生产经理等相关部门的负责人开新年度会议，这也是工作流程表的第一步，结合上年度的实际生产销售情况、库存情况，定出新年度的销售目标。销售目标一旦确定，与之相配套的生产采购预算、资金预算等的编制就紧跟着落实，这是一整套有顺序且环环相扣的预算计划编制。

2. 财务预算实例分析

以企业经营沙盘实际操作为例，假设在召开第四年的新年度会议时，模拟企业的情况如下。

自有A厂房，内有4条生产线，分别为1条半自动线和3条全自动线，半自动线生产P1，全自动生产线分别生产P1、P2和P3各1条；租用B厂房，内有柔性线1条，正生产P2产品，新建全自动生产线1条，计划生产P3产品，第四年年初生产线生产状况如图6-1所示。

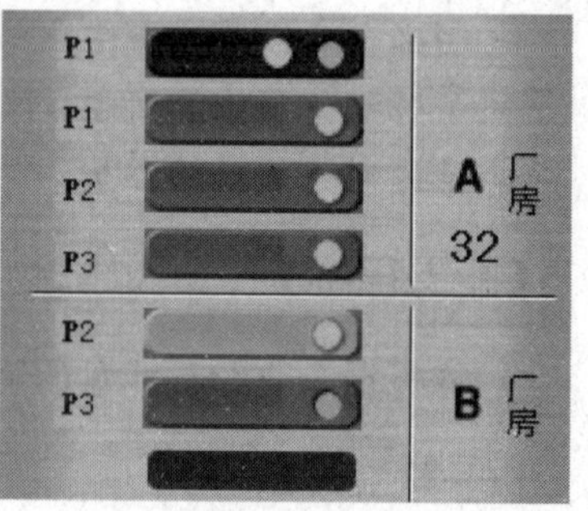

图6-1 第四年年初生产线生产状况

原材料库存有1个R1，2个R2原材料；有R1原材料订货3个，R2订货4个，R3两期各3个；产成品库有3个P1产品，1个P2产品；财务方面：现金库有现金33M，应收账款30M，账期为2Q，长期贷款80M，其中第四年年末要还款20M，短期贷款二、三、四季度各有20M，根据财务报表数据，公司权益为41M。市场方面：企业已经有P1、P2、P3产品的生产资格，本地、区域、国内、亚洲市场已开拓完成，国际市场已经开拓3年，ISO 9000资格刚取得，ISO 14000已投资2年。

财务预算要与相关的生产、销售、采购计划相配套，为了系统化，将整套的计划都讲解如下。

首先，仔细分析公司现实情况，制订销售计划，以目前的生产能力以及在制品的情况看，新年度如果自动线不转产，原材料能及时供应，各生产线产出预估如表6-1所示。

表6-1 产出预估表

单位：个

生产线编号	生产线类型	产品	Q1	Q2	Q3	Q4
生产线1	半自动	P1	0	1	0	1
生产线2	全自动	P1	1	1	1	1
生产线3	全自动	P2	1	1	1	1
生产线4	全自动	P3	1	1	1	1
生产线5	柔性	可以转产	P2	P2或P1或P3	P2或P1或P3	P2或P1或P3
生产线6	全自动	P3	0	1	1	1

其中生产线5第一季度可以产出1个P2,之后可以根据获取订单情况生产P1、P2或P3共三个;企业可以获取订单情况如表6-2所示。

表6-2　企业可以获取订单情况

产品	库存	确定产出	机动产出	可获取订单
P1	3	6	柔性线第一季度可转产,可能产出P1、P2、P3合计3个	9+(3)
P2	1	5		6+(3)
P3	0	7		7+(3)

注:括号内的三个,表示三个产品合计只有三个,并非分别有三个。

在接销售订单时一定要慎重,要看企业是否有能力按时交货。如果盲目接订单导致不能交货是要接受处罚的。假如公司本年度接到10个P1产品的订单和10个P3,因为柔性线最多只能转产生产三个机动产品,企业是很难如期完工交货的。

在预测销售目标以后,按照工作流程,是投放广告开始与其他模拟企业竞争销售订单的步骤。假设企业投放18M的广告费,竞得第四年订单如表6-3所示,营销经理同时需要根据产能初步计划大概确定交货期和回款期。

表6-3　第四年订单登记表

编号	产品	市场	数量(个)	单价(M)	金额(M)	账期(季度)	交货期(季度)	回款期
1	P1	本地	3	4.4	13	2	4	下2
2	P1	国内	2	4.5	9	3	3	下2
3	P1	国内	4	4.3	17	0	1	收现金
4	P1	区域	2	4.5	9	2	2	4
5	P2	本地	3	9	27	3	1	4
6	P2	区域	2	7.1	14	1	2	3
7	P2	国内	2	7	14	1	3	4
8	P3	本地	3	9	27	3	2	下1
9	P3	国内	2	7	14	2	3	下1

此时,CEO再一次召开会议,重点是根据明确的销售任务调整和制订可行的计划。为了不出现"停工待料"或库存原材料占用资金的情况,要制订相应的生产计划和原材料采购计划。模拟企业的第四年生产计划如表6-4所示。

表6-4　第四年生产计划表

编号	生产线类型	产品	内容	本年1Q	本年2Q	本年3Q	本年4Q	下年1Q	下年2Q
L1	半自动线	P1	产出	0	P1	0	P1		
			投产	—	P1	—	变卖		
			原材料需求	0	R1	0	0		

续表

编号	生产线类型	产品	内容	本年1Q	本年2Q	本年3Q	本年4Q	下年1Q	下年2Q
L2	全自动线	P1	产出	P1	P1	P1	P1	P1	P1
			投产	P1	P1	P1	P1	P1	P1
			原材料需求	R1	R1	R1	R1	R1	R1
L3	全自动线	P2	产出	P2	P2	P2	P2	P2	P2
			投产	P2	P2	P2	P2	P2	P2
			原材料需求	R1+R2	R1+R2	R1+R2	R1+R2	R1+R2	R1+R2
L4	全自动线	P3	产出	P3	P3	P3	P3	P3	P3
			投产	P3	P3	P3	P3	P3	P3
			原材料需求	2R2+R3	2R2+R3	2R2+R3	2R2+R3	2R2+R3	2R2+R3
L5	柔性线	P2/P1	产出	P2	P2	P1	P1	P2	P2 或 P3
			投产	P2	P1	P1	P2	P2 或 P3	P2 或 P3
			原材料需求	R1+R2	R1	R1	R1+R2	R1+2R2+R3	R1+2R2+R3
L6	全自动	P3	产出	0	P3	P3	P3	P3	P3
			投产	P3	P3	P3	P3	P3	P3
			原材料需求	2R2+R3	2R2+R3	2R2+R3	2R2+R3	2R2+R3	2R2+R3
L7	全自动	P1	产出	新购	新购	新购	新购	0	P1
			投产					P1	P1
			原材料需求					R1	R1
当期投产产品合计				5	6	5	5		

根据表 6-4,制订第四年物料采购计划如表 6-5 所示。

表 6-5 第四年物料采购计划表 单位:个

原材料种类	内容	本年1Q	本年2Q	本年3Q	本年4Q	下年1Q	下年2Q
R1 原材料	毛需求数	3	4	3	3	4	4
	库存	1	1	0	0	0	0
	计划收到	3	—	—	—	—	—
	净需求	0	3	3	3	4	4
	提前期	←提前 4 个季度下订单					
	采购计划	3	3	3	4	4	
R2 原材料	毛需求数	6	5	5	6	7	7
	库存	2	0	0	0	0	0
	计划收到	4	—	—	—	—	—
	净需求	0	5	5	6	7	7
	提前期	←提前 1 个季度下订单					
	采购计划	5	5	6	7	7	

续表

原材料种类	内容	本年1Q	本年2Q	本年3Q	本年4Q	下年1Q	下年2Q
R3 原材料	毛需求数	2	2	2	2	3	3
	库存	0	1	2	0	0	0
	计划收到	3	3	—	—	—	—
	净需求	0	0	0	2	3	3
	提前期	←提前 2 个季度下订单					
	采购计划	0	2	3	3		
预计当期收到材料数合计		10	11	8	11		

当期预计收到材料数合计等于各材料计划预定能到期收到材料之和，是预算支付原材料款的依据。

制订生产计划和采购计划的同时，CEO 需要组织各部门讨论是否需要拓展企业，一般如果当期获得订单较少或明显资金不足，需要考虑保守经营，即不开拓市场、不研发新产品，不新建生产线，完全保持现状。CFO 的财务预算就很简单，根据上述的销售、生产、原材料采购计划预算支出和收入情况。

但企业仅仅维持现状是不行的，必须考虑发展。一般情况下，模拟企业在获得不错订单或资金充裕情况下，都要尽量想办法扩张企业，以期获得更多的利润。所以本例中，模拟企业确定发展战略如下。

生产能力方面：年初新购一条全自动生产线生产 P1，希望下年在国际市场 P1 上获得不错的订单，原有的半自动线年底变卖，以备下年新购全自动生产线。

产品研发方面：计划年底最后一季度开始研发 P4。

市场和 ISO 认证方面：继续开拓完成国际市场，继续投资 ISO 14000。

有些参考资料往往要求模拟企业分别预算每个季度的总收入和总支出，如果总收入大于总支出，则认为模拟的现金充裕，企业的预算可行。但在实际的企业运营中发现，虽然模拟企业的总收入大于总支出，但是可能在季度初还贷和利息的时候现金已经为负数，企业资金已经断流，那么后面就算回流再多现金，或可以借很多的短期贷款也没有用；在交货获得 0 账期的现金之前的步骤也需要保证有足够的流动现金维持企业的运营。所以为了让模拟企业经营的任何一个步骤都有正的现金流，同时又仅在需要的时候才借入短期贷款，需要在还贷和利息之后设置第一个监控点“现金余额 1”，同时在按订单交货前一步骤设置第二个监控点“现金余额 2”。

三、初步预算和修正预算

1. 初步预算

根据表 6-6 进行现金流预算，步骤如下。

(1) 首先把上期期末现金 33M 填入“期初现金”。

(2) 填入“支付广告费”－18M。

(3) 根据上年的短期贷款情况，在第二、三、四季度的“还短期贷款和利息”分别填入－21M。

(4) 本年度“归还应付款”为0。

(5) 上年度的应收账款30M填入“应收款收现”第二季度栏；同时根据表6-3中，能在本年度回收款项的金额按照季度数分别填入四个季度，其中，订单6的金额14M填入第三季度，订单4、5、7合计的金额50M填入第四季度。

(6) 在“产品研发投资”栏的第四季度填入－3M。

(7) 在“买入原材料”栏中，根据表6-5，按照每个季度原材料收货的数量填入相应的季度，其中第四季度的R2原材料收货为6个，变成应付账款6M，所以第四季度实际支付－5M。

(8) 第四季度变卖半自动生产线，在第四季度“变卖生产线”栏填入2M。

(9) 投资一条新生产线，在相应栏里每个季度填入－4M。

(10) 生产线转产费用为0M。

(11) 根据表6-4，按照每个季度投产的产品数量，支付投产费用填入相应的栏目。

(12) 在“按订单交货收现金或罚款”栏填入订单3在第一季度交货后获得的现金17M。

(13) 在“支付行政管理费”栏每个季度填入－1M。

(14) “支付利息/还长期贷款”栏填入本期应归还长期贷款20M和利息8M，合计－28M。

(15) 在“支付设备维修费”填入5条生产线的维修费－5M(半自动已经变卖)。

(16) 在“支付租金/购买厂房”栏填入B厂房租金－3M。

(17) 在“新市场开拓”栏填入国际市场开拓费－1M。

(18) 在“ISO资格认证投资”栏填入ISO 14000认证费－1M。

(19) 初步计算每个季度的现金收入合计和现金支出合计，并算出每个季度的现金余额，得出第一到第四季度的期末现金对账(最后一行)分别为12、－1、－26和－31。模拟企业管理者可能错以为第一季度现金充足，不需要贷款，实际上并非如此，需要计算“现金余额1”和“现金余额2”之后才能判断第一季度是否需要贷款。

经过计算发现第一季度的“现金余额2”为－4M；第二季度的“现金余额1”为－9M；说明该现金流预算不可行，需要借入短期贷款，否则企业将出现资金断流而破产。

表6-6 第四年现金流预算表(初步预算) 单位：M

经营步骤	第一季度资金收支	第二季度资金收支	第三季度资金收支	第四季度资金收支
期初现金	33	12	－1	－26
支付广告费	－18			
支付税金	0			
还短期贷款和利息		－21	－21	－21
现金余额1	15	－9	－22	－47
申请短期贷款(民间融资)				
归还应付款	0	0	0	0
应收款收现		30	14	50
产品研发投资				－3
买入原材料	－10	－11	－8	－5
变卖生产线				2

续表

经营步骤	第一季度资金收支	第二季度资金收支	第三季度资金收支	第四季度资金收支
投资新生产线	−4	−4	−4	−4
生产线转产	0	0	0	0
投产费用	−5	−6	−5	−5
现金余额 2	−4	0	−25	−12
按订单交货收现金或罚款	17			
支付行政管理费	−1	−1	−1	−1
其他现金收支				
支付利息/还长期贷款				−28
申请长期贷款				
支付设备维修费				−5
支付租金/购买厂房				−3
新市场开拓				−1
ISO 资格认证投资				−1
关账				
现金收入合计	17	30	14	72
现金支出合计	−38	−43	−39	−77
期末现金对账(请填余额)	12	−1	−26	−31

2. 修正预算

由于表 6-6 的现金流预算不可行,需要修正预算表,如表 6-7 所示。

(1) 第一季度预算:由于表 6-6 中,“现金余额 2”为−4M,所以如果不贷款,到本步骤企业已经断流,因此在“申请短期贷款”栏填入 20M,则“现金余额 2”为 16M,第一季度期末现金和第二季度期初现金为 32M。

(2) 第二季度预算:试算第二季度的“现金余额 1”和“现金余额 2”分别为 11M 和 20M,但第三季度的“现金余额 1”为−2M,说明第二季度需要贷款 20M,货款后第二季度的“现金余额 2”为 40M。

(3) 第三季度试算:如果在第三季度的“申请短期贷款”不进行贷款,填入 0M,则试算第三季度的“现金余额 2”将为正数,但是第四季度的“现金余额 1”为负数,通过本步骤的试算,直到本季度的“现金余额 2”和下季度的“现金余额 1”均为正数才能确定为正确。

(4) 确定第三季度预算:经过上一步的反复试算,确定在第三季度的“申请短期贷款”借入 20M 短期贷款,则本季度的“现金余额 2”为 35M,第四季度“现金余额 1”为 13M。同时第三季度的期末现金和第四季度的期初现金为 34M。

(5) 第四季度试算:如果在第四季度的“申请短期贷款”和“申请长期贷款”不进行贷款,分别填入 0M,第四季度的“现金余额 2”预估为 48M,则期末现金预估为 9M,由于下年第一季度需要偿还本年第一季度申请的短期贷款 20M 和利息,并且需要准备较多资金用于下年年初的广告投放,通过本步骤的反复试算,直到确保下年年初有足够运营资金才能确定为正确。

(6) 确定第四季度预算：经过上一步的反复试算，确定本季度借入 20M 短期贷款和 20M 长期贷款，则第四季度的"现金余额 2"为 68M，期末现金为 49M。

表 6-7 第四年现金流预算表(修正的预算表) 单位：M

经营步骤	第一季度资金收支	第二季度资金收支	第三季度资金收支	第四季度资金收支
期初现金	33	32	39	34
支付广告费	−18			
支付税金	0			
还短期贷款和利息		−21	−21	−21
现金余额 1	15	11	18	13
申请短期贷款(民间融资)	20	20	20	20
归还应付款	0	0	0	0
应收款收现		30	14	50
产品研发投资				−3
买入原材料	−10	−11	−8	−5
变卖生产线				2
投资新生产线	−4	−4	−4	−4
生产线转产	0	0	0	0
投产费用	−5	−6	−5	−5
现金余额 2	16	40	35	68
按订单交货收现金或罚款	17			
支付行政管理费	−1	−1	−1	−1
其他现金收支				
支付利息/还长期贷款				−28
申请长期贷款				20
支付设备维修费				−5
支付租金/购买厂房				−3
新市场开拓				−1
ISO 资格认证投资				−1
关账				
现金收入合计	17+20	30+20	14+20	52+40
现金支出合计	−38	−43	−39	−77
期末现金对账(填余额)	32	39	34	49

通过以上的现金流预算步骤，可以知道现金流预算是比较复杂的过程，但又非常重要，如果企业不进行预算，盲目发展，随时有资金断流破产的危险。在预算过程中，其实还可以通过调整交货顺序和采用批量订购原材料延迟支付材料款来调整现金流预算的情况。对于产品交货的安排，一般情况下，尽可能安排每个季度都有部分回款，而且尽可能安排在本年

第四季度前有更多的回款,因为一般年底需要支付的费用较多,同时还需要在年底准备较多的现金用于支付下年年初的广告、税金和偿还本年第一季度借的短期贷款及利息。

模拟企业经营中也可以借助 Excel 表格,通过建立各种链接和函数计算,做成一个预算的决策模型,模型里含链接公式。管理层可以在表格中进行反复预算,包括根据资金的情况提前或推后生产线的投入、改变订单的交货顺序来调整现金流的情况,会有不同的预算结果。①

任务二　编制资产负债表

【知识目标】

✧ 了解资产负债表的概念和结构;

✧ 掌握资产负债表的编制方法。

沙盘微课堂-编制资产负债表

【能力目标】

✧ 能编制资产负债表并进行分析。

【任务引入】

某模拟企业在年末编制资产负债表时发现资产负债表不平衡,左边的资产和右边的负债+所有者权益总是不相等,财务经理找不到原因,模拟企业无法按时上交财务报表。

任务:帮助他们分析原因,并为该模拟企业编制正确的资产负债表。

知识链接

一、资产负债表的基础知识

资产负债表是提供有关企业财务状况方面信息的报表。使用者通过资产负债表,可以了解某一时点企业资产的总额及其结构,表明企业拥有或控制的资源及其分布情况,即有多少资源是流动资产、有多少资源是长期投资、有多少资源是固定资产等;可以提供某一时点的负债总额及其结构,表明企业未来需要用多少资产或劳务清偿债务及清偿时间,即流动负债有多少、长期负债有多少等;可以反映所有者所拥有的权益,据以判断资本保值、增值的情况及对负债的保障程度。资产负债表还可以提供进行财务分析的基本资料,如将流动资产与流动负债进行比较,计算出流动比率;将速动资产与流动负债进行比较,计算出速动比率等,可以表明企业的变现能力、偿债能力和资金周转能力,从而有助于会计报表使用者做出经营决策。

二、模拟企业的资产负债表编制要求

企业经营沙盘中模拟企业资产负债表的数据来源如表 6-8 所示。

---

① 学员可以在本书清华大学出版社官网课程资源中下载 Excel 财务预算模型,并查看本任务开头的二维码视频资源,学习如何运用 Excel 进行财务预算。

表 6-8 企业经营沙盘中企业的资产负债表

项　目	数据来源	项　目	数据来源
固定资产		负债	
土地和建筑	厂房价值之和	长期负债	核对企业经营沙盘和工作表的所有长期贷款
机器和设备（含在建工程）	生产线的净值之和＋在建生产线之和	短期负债	核对企业经营沙盘和工作表的所有短期贷款
总固定资产	上述两项之和	应付款	核对企业经营沙盘和工作表的应付账款
流动资产		应交税	根据利润表中的所得税数据
现金	核对企业经营沙盘现金库和工作表的现金数据	总负债	上述四项之和
应收款	核算沙盘盘面的应收账款	权益	
在制品	核对企业经营沙盘和工作表的在制品价值	股东资本	股东不追加投资的情况下为初始状态的45M
成品	核对企业经营沙盘和工作表产成品库的所有产成品价值	利润留存	上年利润留存＋上年利润
原料	核对企业经营沙盘和工作表原材料库的所有原料价值	年度净利	根据利润表中的净利润数据
总流动资产	上述五项之和	所有者权益	上述三项合计
总资产	总固定资产＋总流动资产	负债加权益	总负债＋所有者权益

资产负债表中各项目的具体含义及其作用如下。

1. 固定资产

固定资产在生产过程中可以长期发挥作用，长期保持原有的实物形态，但其价值则随着企业生产经营活动而逐渐地转移到产品成本中去，并构成产品价值的一个组成部分。在企业经营沙盘中，固定资产包括土地和建筑、机器和设备。

(1) 土地和建筑：是企业自有的大小厂房的价值，不包含租赁的厂房。

(2) 机器和设备：是企业已经投入生产和在建的生产线净值之和。

注意：在编制报表的时候不能计算生产线原值，要计算减去当年计提的折旧以后的价值(即净值)。生产线计提折旧至净值为零时将不再继续计提，生产线可以使用，但每年仍然需要1M的维修费。

(3) 总固定资产：本项为土地和建筑，机器和设备两项之和。

2. 流动资产

流动资产是企业资产中容易变现的部分。比如现金、应收账款等。

(1) 现金：是流动资产中最容易变现的部分(本身就已经是现金了)，但是，财务中所指的"现金"概念不是平时所说的现钞，还包括银行存款，其他货币资金等，在企业经营沙盘中简单而言就是现金库中的现金。

(2) 应收账款：是企业应该向客户方收取但是还没有收到的款项，企业经营沙盘表上的应收账款分四季，按照订单上的账期显示数放入相应的位置，每操作一季往前挪一季的位置，代表离收款变现又近了一季。

(3) 在制品：生产线上正在加工的未完工产品，不能以商品的价值出售。注意在制品是计算其价值，而不是计算在制品的个数。

(4) 成品：已经完工入产品库的产品，可以按照订单上所示的销售额出售。产成品也是计算其成本价值，不是计算产成品的个数。

(5) 原料：就是原料和材料，在企业经营沙盘中有 R1、R2、R3、R4 四种原材料，每个原材料价值 1M。

(6) 总流动资产：本项为现金、应收款、在制品、成品和原料之和。

3. 总资产

总资产是指企业拥有或控制的、能够带来经济利益的全部资产。在企业经营沙盘中，总资产为总固定资产和总流动资产之和。

4. 负债

负债是指企业过去的交易或者事项形成的，预期会导致经济利益流出企业的现时义务。在企业经营沙盘中负债包括长期负债、短期负债、应付款、应交税。

(1) 长期负债：是企业超过一年的负债。

(2) 短期负债：是企业在一年以内的负债。

(3) 应付款：是企业应该支付但是尚未支付的款项。比如赊购原材料等。

(4) 应交税：是每年要向国家缴纳的各种税金。企业经营沙盘中仅指所得税。

(5) 总负债：本项为长期负债、短期负债、应付款和应交税之和。

5. 权益

在企业经营沙盘中，权益是指所有者权益，包括股东资本、利润留存和年度净利。

(1) 股东资本：是股东投入企业的资金，用以企业营运等。在股东增资或合法减资的情况下，股东资本会有调整。在企业经营沙盘中，为简化操作，一般没有股东资本的增减调整。

(2) 利润留存：是指企业生产经营所获得的，留存在企业尚未以股利形式分配给股东的利润。在企业经营沙盘中，利润留存是以前年度累计的利润之和。

(3) 年度净利：是企业当年度的净利润，可以从当年度的利润表中获取数据。

6. 负债加权益

负债加权益是总负债和所有者权益之和，根据会计恒等式，资产＝负债＋所有者权益。

任务三　融资策略

【知识目标】

✧ 了解融资管理的概念和方法；

✧ 掌握企业经营沙盘中融资的各种方法、各自优缺点和融资管理的重要性。

沙盘微课堂-融资策略

【能力目标】

✧ 能根据企业经营沙盘的特点及时准确地运用各种融资方法。

【任务引入】

模拟企业经营到第四年年末，有的公司因为前期发展缓慢，仍感觉到资金压力很大，公司经理们开始考虑融资计划。

任务：在开始第五年模拟经营之前，根据公司发展战略规划制订模拟企业的融资计划。

知识链接

一、企业经营沙盘中的融资方式

融资可以用不同的方法，也可以安排在不同的环节。不过，如果盲目融资或没有掌握好时机，会影响企业后期资金运作。在企业经营沙盘中因为操作相对简单，所以融资是按照所融资金使用期限分短期资金筹集和长期资金筹集。

1. 各种贷款

(1) 长期贷款。长期贷款是指还贷期超过一年的贷款。其优点是短期内不用还贷，没有还款压力；缺点是利率高，融资成本较高。企业经营沙盘规则中，长期贷款年利率达到10%。一般来说，长贷用于扩张性动机，比如适用购置固定资产(买生产线)等长期投资项目。

(2) 短期贷款。相对于长期贷款，短期贷款是指必须在一年以内还款的贷款。优点是利率低，企业经营沙盘规则中，短贷的年利率仅5%，但是还贷期很短，压力大。其次，在企业经营沙盘操作中，企业的权益一旦降低，企业没有足够的现金还贷，又不能继续贷款的情况下，风险就很明显了。短贷一般用于临时流动资金不足的情况下，通过循环借短期贷款来保证企业的流动现金。

(3) 民间融资。规则允许民间融资情况出现，但在企业经营沙盘的教学过程中，尽量不使用该融资方法，因为民间融资的方法负面影响确实很大，还贷期短，利率相当高，用来缓解燃眉之急，后期马上有资金补足的情况下(比如应收账款到账变现)可以使用。这种融资方法一般适用于以下两种情况。

① 企业出现暂时的资金短缺，通过民间融资解决短期的资金缺口问题。

② 企业面临因资金枯竭而将破产的情况下，孤注一掷的最后选择。

2. 应收账款贴现

贴现是很专业的一种财务运作，操作灵活，可以随时进行，也是企业较常用的一种融资方法，但是贴现是针对尚未到期的应收账款的，所以要支付一定的贴息，造成了贴现成本。按照7贴1的规则，每次贴现为7M或7M整数倍的应收账款，其中6M或其整数倍的款额入现金库，1M或其整数倍的款额为贴现利息。比如模拟企业要贴现14M的应收账款，其中12M变现，直接入现金库，2M是贴现利息。贴现的利息比长期贷款高，略高于民间融资，同时，贷款的成本计入下期，而贴现的成本计入本期，有可能导致本期权益下降，而减少了下期可以贷款的额度。所以应该尽量避免贴现，这也是为什么模拟企业接销售订单要尽量选择账期短的订单的缘故。

3. 出售厂房

企业经营沙盘运作，是从一个有一定原始积累的企业开始的，其已拥有价值32M的A

厂房和4条生产线。如果出售大厂房变现，企业就要每年支付租金4M来租A厂房(B厂房的租金是3M)，并且出售所得要一年后方可变现。所以，这种融资的成本=4/32=12.5%，利息大于长期贷款，而略少于民间融资。同时出售厂房需要把A厂房的生产线全部变卖之后才可以进行操作，需要企业提前计划才能进行。

4. 出售生产线

根据规则，模拟企业的生产线按残值出售，可以获得相当于残值的现金。当生产线净值大于残值时，之间的差价就是企业因出售生产线产生的损失，成为固定资产清理费用。比如，一条全自动生产线买价是16M，经过一年提折旧，净值为16M−16M/3=11M，但出售残值仅4M，若此时出售，损失就是11M−4M=7M。同时，生产线的减少也造成企业的生产能力下降，直接导致可生产产品的数量减少。可见，出售生产线变现是企业无奈之举。当然，为了更新高级别生产线而出售老旧落后的生产线是企业的正确决策。

在以上的融资渠道中，出售厂房和生产线属于极端的融资行为，不推荐采用，一般采用各种贷款和贴现的融资方式。

二、融资策略

在企业经营沙盘中，不同融资方式的资本成本及财务风险不同，各种融资方式资金成本与风险比较如表6-9所示。模拟企业应比较不同融资方式的资本成本及财务风险，进而选择适合企业的融资方式及确定不同融资方式的融资比例，既要保证融资的综合资本成本较低，又要控制企业的风险水平，这样才能以最经济的方式获取所需资金，并且在债务到期时能够及时偿还，而不至于由于债务安排的不合理，出现无法偿贷的财务危机。

表6-9　各种融资方式资金成本与风险比较

融资类型	资金成本	财务风险
短期贷款	最低	最高
长期贷款	一般	较低(偿还期最长)
民间融资	高	最高
资金贴现	高	低

1. 长期融资策略

企业进行的长期贷款一般是满足长期投资的需要。在企业经营沙盘模拟训练中，常用的长期融资策略是在第一年年末就把长期贷款全部贷满，以备以后6年长期投资资金的使用。是否采用这种策略需要进行如下考虑。

(1) 其贷款的成本相对较高，如果增加长期贷款60M，长期贷款总额为100M，每年利息支出是10M，增加了企业的固定费用，当然如果企业能用贷来的资金扩大产能，例如，可以多购买3～4条生产线，生产的产品又能接到订单并销售出去，获利还是远大于利息费用的。

(2) 如果长期融资所获得的资金并不用于扩大产能，或扩大产能后，产品不能销往市场，那么企业就可能因为成本高而导致亏损，最后可能破产。

(3) 一般在预计次年权益下降使得可以贷款额度降低到需要贷款边界的情况下，才提前进行长期贷款。否则，按计划在需要贷款的年度才进行贷款。

(4) 一定要充分认识到，如果集中在第一年年末贷款太多(贷款60M)，那么6年后，企业还贷的压力和风险会比较大。

2. 短期融资策略

短期融资主要用于流动资产投资和企业日常经营的必要资金等，短期融资包括短期贷款、民间融资两种方式。其中短期贷款的年利息为5%，是所有融资方式中最低的。民间融资的年利息率为15%，是融资成本和风险较高的融资方式。这两种融资方式的贷款期限为1年，1年后还本付息。

短期融资的策略如下。

(1) 通过制订各部门计划和财务预算确定融资计划，即每季度的季初现金加上本期短贷资金应当能维持到更新应收款之前的支出，通过精细计算确定需要融资的时点和额度。

(2) 先采用成本最低的短期贷款。

(3) 融资应当根据企业资金的需要，分期短贷，不要挤在一个季度里，这样可以减轻企业的还款压力。

(4) 期末现金应当大于下季季初要还的短贷本息。因为短期融资是先还到期的贷款和利息，再进行新贷款，所以每次进入下一季度前，一定要先检查季度末现金是否足够偿还下一季度初的短期贷款。

3. 资金贴现与民间融资的应用

资金贴现的成本与民间融资的成本基本相当，在具体的操作中，需要综合考虑以下因素来确定采用哪种融资方式。

(1) 民间融资风险大于资金贴现，对于规避风险型的企业，可以考虑优先使用资金贴现。

(2) 资金贴现的资金成本在当期，而民间融资的资金成本在下期，为了保证本期权益，不想因为本期权益降低而导致下期贷款额度降低的情况下，应优先采用民间融资。

(3) 如果资金缺口小于6M，并且是临时的资金缺口，建议优先采用资金贴现。

(4) 资金贴现的额度受限于应收账款的额度。

总之，在制订融资策略时，不仅考虑节约财务费用，还要考虑融资时点、融资风险和贷款的额度等制约因素。好的融资策略需要综合考虑各方面的原因，各种融资方式搭配应用。财务经理在制订融资策略时，应考虑企业融资是否最大限度地满足企业发展的必要、融资的成本是否最低和资本是否充分利用，效益是否最高。

训练情境五　实训第五年经营

本年度进入精细化管理时期，主要训练任务是要求学员预估年末利润和权益，编制未来年度的财务预算并灵活运用融资策略，掌握固定资产投资策略和柔性生产的库存策略，为下一轮经营做好准备。

任务一　制订企业中长期规划

【知识目标】

✧ 了解影响企业利润的因素。

【能力目标】

✧ 能预估本年年底企业权益；
✧ 能做好两个年度的发展规划。

【任务引入】

模拟企业在上年做好了财务预算，资金是足够的，可到了本年，却发现经营出现资金紧张，企业需要借民间融资才能渡过难关。

任务：

(1) 做好本年度的财务预算；

(2) 根据本年度的财务预算，估算年底权益，并制订下年初步计划，以确保下年有足够的经营资金。

知识链接

一、企业基本情况和本年度的财务预算

某企业第五年年初有 4 条生产线，其中，3 条全自动生产线分别生产 P1、P2 和 P3，还有一条柔性线年初正生产 P2 产品。其基本状况如表 7-1 所示。

表 7-1　第五年某企业的生产线状况

生产线编号	生产线类型	产品	购买年份	开始投产	现值	预计本年折旧
L1	全自动	P1	第二年	第三年	11	4
L2	全自动	P2	第二年	第三年	11	4

续表

生产线编号	生产线类型	产品	购买年份	开始投产	现值	预计本年折旧
L3	全自动	P3	第三年	第四年	16	5
L4	柔性	P2	第三年	第四年	24	8

另外,企业没有成品和原材料库存,第四年年末的权益是40M,第二季度应收账款21M,第三季度应收账款33M,第四季度应收账款15M,长期贷款80M,期初现金38M,第三、四季度短期贷款各20M,第五年年初投入广告15M,获得订单如表7-2所示。

表7-2 第五年订单登记表

编号	产品	市场	数量(个)	单价(M)	金额(M)	直接成本(M)	账期(季度)	交货期(季度)	回款期
1	P1	国际	4	5.5	22	8	4	4	下4
2	P2	本地	2	7.5	15	6	4	1	下1
3	P2	亚洲	3	7	21	9	3	4	下3
4	P3	本地	2	8	16	8	2	2	本年4
5	P3	国内	3	9	27	12	4	3	下3
合计					101	43			

根据订单情况可以制订初步生产计划和物料采购计划,并在表7-3中填写交货期和回款期,回款期=交货期+账期,如果大于4则在下年度回款。其中,根据订单情况,柔性线第一季度出产1个P2之后需要转产P3,共有2条线生产P3,一条线生产P2,一条线生产P1,每个季度需要原材料共计9个,需要支付原材料采购费用9M;4条生产线每个季度需要支付4M加工费用;模拟企业计划研发P4产品,并新购2条全自动生产线生产P4产品。制订初步现金流量表如下。

(1) 支付广告费15M,在第一季度支付广告费填上"−15"。

(2) 第三、四季度需要还短期贷款本金20M和利息1M,在相应栏目分别填上"−21"。

(3) 应收账款收现,第二季度填"21",第三季度填"33",第四季度去年交货本年回款15M,本年交货回款16M,填"31"。

(4) 新研发产品P4,每个季度填上"−3"。

(5) 支付原材料货款,每个季度填上"−9"。

(6) 投资2条全自动新生产线,每个季度填上"−8"。

(7) 投产费用,每个季度四条生产线投产,填上"−4"。

(8) 支付行政管理费用,每个季度填上"−1"。

(9) 支付长期贷款利息,在最后一季度填上"−8"。

(10) 支付设备维修费,共计4条生产线填上"−4"。

(11) 支付厂房租金,已经启用B厂房建新线,填入"−3"。

(12) ISO资格认证投资,填上"−1"。

(13) 进行资金预算,发现第一、二季度需要短期贷款各20M,第四季度末因为需要保证下年第一季度的广告费用和还短期贷款本息共21M,所以需要借入40M短期贷款。

第四年现金流预算如表7-3所示。

表 7-3　第四年现金流预算表

经营步骤	第一季度资金收支	第二季度资金收支	第三季度资金收支	第四季度资金收支
期初现金	38	18	34	21
支付税金	0			
支付广告费	－15			
还短期贷款和利息		0	－21	－21
现金余额 1	23	18	13	0
申请短期贷款(民间融资)	20	20		40
归还应付款	0	0	0	0
应收账款收现		21	33	31
产品研发投资	－3	－3	－3	－3
买入原材料	－9	－9	－9	－9
投资新生产线	－8	－8	－8	－8
投产费用	－4	－4	－4	－4
现金余额 2	19	35	22	47
按订单交货收现金或罚款				
支付行政管理费	－1	－1	－1	－1
支付利息/还长期贷款				－8
申请长期贷款				0
支付设备维修费				－4
支付租金/购买厂房				－3
新市场开拓				0
ISO 资格认证投资				－1
关账				30
现金收入合计	20	41	33	65
现金支出合计	－40	－25	－46	－62
期末现金对账(请填余额)	18	34	21	30

二、估算本年度利润和期末权益

1. 估算本年度的综合费用

根据初步的财务预算，可以估算本年度综合费用如表 7-4 所示。

表 7-4　本年度的综合管理费用表

项　目	金额	备　注
管理费	4	4 个季度的行政管理费
广告费	15	
维修费	4	4 条生产线的维修费

续表

项　　目	金额	备　　注
租金	3	B厂房租金
变更费	0	
市场准入开拓	0	
ISO资格认证	1	ISO 14000认证费1M
产品研发	12	研发P4产品，每季度3M，共12M
合计	39	

2. 估算本年度利润

本年度的税前利润＝销售收入－直接成本－综合费用－折旧－利息费用

＝101－43－39－21－10＝－12M

由于利润为负，所以不需要支付所得税，税前利润就是年度净利润。

3. 估算本年度的权益

本年度权益＝上年度的权益＋本年度净利润＝40－12＝28M

三、制订下年度的财务预算

1. 下年度初步预算

根据模拟企业的基本情况，初步预算如表7-5所示，具体过程如下。

(1) 模拟企业下年度有6条生产线，1条生产P1；1条生产P2；2条生产P3；新购的2条生产线生产P4，每个季度需要支付生产加工费6M。

(2) 模拟企业每个季度需要支付原材料采购费用17M。

(3) 模拟预计支付广告费9M，在第一季度支付广告费填上"－9"。

(4) 第一、二季度需要还短期贷款本金20M和利息1M，在相应栏目分别填上"－21"，第四季度填"－42"。

(5) 根据表7-3，应收账款收现，第一季度填"15"，第三季度填"48"，第四季度填"22"。

(6) 产品研发P4，第一季度填上"－3"。

(7) 支付行政管理费用，每个季度填上"－1"。

(8) 支付长期贷款利息，在最后一季度填上"－8"。

(9) 支付设备维修费，共计6条生产线填上"－6"。

(10) 支付厂房租金，已经采用B厂房建新线，填入"－3"。

(11) ISO资格认证投资，填上"－1"。

(12) 进行资金预算，由于企业权益由40M降低为28M，企业仅可以借40M的短期贷款和40M的民间融资，暂定每个季度贷款20M。

表7-5　下年度现金流预算表

经 营 步 骤	第一季度 资金收支	第二季度 资金收支	第三季度 资金收支	第四季度 资金收支
期初现金	30	8	－17	27
支付税金	0			
支付广告费	－9			

续表

经营步骤	第一季度资金收支	第二季度资金收支	第三季度资金收支	第四季度资金收支
还短期贷款和利息	−21	−21		−42
现金余额 1	0	−13	−17	−15
申请短期贷款(民间融资)	20	20	20(民间融资)	20(民间融资)
归还应付款	0	0	0	0
应收款收现	15	0	48	22
产品研发投资	−3			
买入原材料	−17	−17	−17	−17
投资新生产线				
投产费用	−6	−6	−6	−6
现金余额 2	9	−16	28	4
按订单交货收现金或罚款				
支付行政管理费	−1	−1	−1	−1
支付利息/还长期贷款				−8
申请长期贷款				0
支付设备维修费				−6
支付租金/购买厂房				−3
新市场开拓				0
ISO 资格认证投资				−1
关账				−15
现金收入合计	35	20	68	42
现金支出合计	−57	−45	−24	−84
期末现金对账(填余额)	8	−17	27	−15

由表 7-5 的初步预算可以看出，到下年度模拟企业第一季度末因为需要偿还第二季度初的短贷本息 21M，现金流缺口是 13M；第二季度末的现金缺口是 17M，第三季度末因为需要偿还第四季度初的短贷本息 42M，资金缺口为 15M。这些资金缺口虽然可以通过下年度贴现或拿到短账期的订单，有可能会勉强获得支持企业运营的现金，但是企业断流的可能性很大，特别是年初准备广告费用仅 9M，很可能因为不能获得合适的订单而导致企业破产。

2. 调整本年度预算

为了确保企业能安全运营，降低企业资金断流的风险，建议模拟企业对本年年底的预算做如下两个方面的调整。

(1) 建议暂缓 P4 的研发 12M，这样企业可以减少 12M 综合费用，企业可以保证本年度不亏损，保住 40M 的权益。

(2) 减少生产线的投入，仅新购 1 条生产线，用于生产 P3。

如上所述，企业可以通过适当减少费用的开支来保持企业权益在一定水平之上，从而确保借入短期贷款和民间融资的额度，也可以通过减少固定资产的投入来保证足够的现金来维持下年度的企业运营。模拟企业根据以上调整来修改本年度预算和下年度的初步预算，以尽量降低下年度破产或资金断流的风险。

任务二 固定资产投资策略

【知识目标】

✧ 了解不同类型生产线的特点；
✧ 掌握模拟企业固定资产投资策略。

盘微课堂-固定资产投资策略

【能力目标】

✧ 能合理进行固定资产投资。

【任务引入】

经过几年的经营，多数模拟企业都新购了生产线，有些企业新购了大量半自动生产线，有些企业新购了全自动生产线，还有些企业新购了柔性生产线，随着生产线的添置，有些企业购买了B厂房。

任务：为模拟企业制定固定资产投资策略。

知识链接

一、生产线类型投资策略

在企业经营沙盘模拟训练中，一共有四种生产线，每种生产线的基本情况如表7-6所示。

表7-6 生产线的基本情况

生产线	购买价	安装周期	生产周期	年产能	转产周期	转产费用	维修费用
手工线	5M	无	3Q	1.33个	无	无	1M/年
半自动	8M	2Q	2Q	2个	1Q	1M	1M/年
全自动	16M	4Q	1Q	4个	2Q	4M	1M/年
柔性线	24M	4Q	1Q	4个	无	无	1M/年

生产线投资可以从投资回收期、生产的成本费用、投资净收益和转产的方便性等方面考虑。

1. 生产线投资的回收期法

投资回收期法忽略了在投资回收期后的所有好处或不良影响，对总收入不做考虑。只考虑回收之前的效果，不能反映投资回收之后的情况，即无法准确衡量方案在整个计算期内的经济效果。所以投资回收期作为方案选择和项目排队的评价准则是有一定偏差的，一般只作为辅助评价指标。

2. 生产线投资的预期净收益法

对于四种生产线投资方案的选择，可以通过以下三种方法的比较，选出最优方案。

(1) 四种投资方案的预期收入相同，但是成本不同，选择成本最低的方案为最优方案。

(2) 四种投资方案的预期收入不同，但是成本相同，选择预期收入最高的方案为最优方案。

(3) 四种投资方案的预期收入和成本都不相同，这时应该先求出各个方法的预期净收益(预期收入—预期成本)，对比预期净收益，预期净收益最高的方案为最优方案。

在模拟企业中的四种生产线投资方案，通过计算预期净收益的方法来选择最优方案。假设P1减去材料的单位平均收益为3.5M，P2减去材料的单位平均收益为5M，P3减去材料的单位平均收益为5.5M，P4减去材料的单位平均收益6M。预期投资生产线4年，可以核算不同类型的生产线投资4年的预期净收益，如表7-7所示。

表7-7　生产线投资4年的预期净收益

生产线	产品	4年产出(个)	预期收益(M)	资金投入(M)	加工费(M)	维修费(M)	4年折旧(M)				利息费用(M)	厂房租金(M)	预期净收益(M)
							1	2	3	4			
手工线	P1	5	17.5	5	5	4	0	2	1	1	0.5	4	0
半自动	P1	6	21	8	6	4	0	3	1	1	0.8	4	1.2
全自动	P1	11	38.5	16	11	3	0	0	5	4	1.6	4	9.9
柔性线	P1	11	38.5	24	11	3	0	0	8	5	2.4	4	5.1
手工线	P2	5	25	5	10	4	0	2	1	1	0.5	4	2.5
半自动	P2	6	30	8	6	4	0	3	1	1	0.8	4	10.2
全自动	P2	11	55	16	11	3	0	0	5	4	1.6	4	26.4
柔性线	P2	11	55	24	11	3	0	0	8	5	2.4	4	21.6
手工线	P3	5	27.5	5	15	4	0	2	1	1	0.5	4	0
半自动	P3	6	33	8	12	4	0	3	1	1	0.8	4	7.2
全自动	P3	11	60.5	16	11	3	0	0	5	4	1.6	4	31.9
柔性线	P3	11	60.5	24	11	3	0	0	8	5	2.4	4	27.1
手工线	P4	5	30	5	20	4	0	2	1	1	0.5	4	−2.5
半自动	P4	6	36	8	18	4	0	3	1	1	0.8	4	4.2
全自动	P4	11	66	16	11	3	0	0	5	4	1.6	4	37.4
柔性线	P4	11	66	24	11	3	0	0	8	5	2.4	4	32.6

注：厂房以租用B厂房来核算4年租金成本，维修费手工线和半自动当年开始计算，而全自动和柔性线是次年开始计算。

从表7-7可以看出，不论生产什么产品，投资4年都是全自动线预期净收益最高，柔性线次之，手工线的预期净收益最低，尤其是生产P3、P4等高端产品的时候，手工线和半自动线的预期净收益很低。所以应优先选择全自动生产线。当然，如果以投资1年计算净收益，显然手工线是比较高的，因为投资第一年，只有手工线能产出1个产品，其他生产线并不能产出产品。

3. 从生产的方便性选择生产线

全自动生产线和半自动生产线转产是需要一定的转产费用和转产周期，而手工生产线和柔性生产线转产不需要转产费用和转产周期，但是手工线的投资预期净收益偏低，一般不予考虑，所以在中后期，生产的产品品种比较多，订单的争夺又相对比较激烈，为了生产的方便性，应适当考虑投资1～2条柔性线。

二、投资生产线的时机

1. 与新产品研发相匹配

在企业经营沙盘模拟训练中，P2、P3和P4的研发周期均为6个季度，根据企业经营流程，产品研发在开始新生产之前，在第6个季度研发完成之后就可以开始生产；而全自动生产线和柔性生产线的建设周期为4个季度，在第五季度才可以开始投产，如果投资全自动生产线和柔性生产线用于生产新产品，应该在产品进行第二期研发投资的时候开始投资建设新生产线。对于半自动生产线，投资建设周期为2个季度，在第3个季度才能开始投产，所以应该在研发的第四期就开始投资建设半自动线。因为手工线的投资预期净收益偏低，所以一般不考虑投资建设手工线。表7-8为全自动、柔性线与研发的最佳匹配组合。

表7-8 全自动、柔性线与研发的最佳匹配

<table>
<tr><th>时间</th><th>T年
第四季度</th><th>T+1年
第一季度</th><th>T+1年
第二季度</th><th>T+1年
第三季度</th><th>T+1年
第四季度</th><th>T+2年
第一季度</th><th>T+2年
第二季度</th></tr>
<tr><td>研发投入</td><td>第1次</td><td>第2次</td><td>第3次</td><td>第4次</td><td>第5次</td><td>第6次，可投产</td><td rowspan="2">产出1个继续投产</td></tr>
<tr><td>生产线安装</td><td></td><td>第1期</td><td>第2期</td><td>第3期</td><td>第4期</td><td>可投产</td></tr>
</table>

注：产品研发在开始新生产前，所以在完成第6次研发的那个季度产品就可以投产，而生产线安装必须在完成4个季度的安装之后的下一个季度才能开始投产。

2. 控制维修费用和折旧费用

按照规则，未建成的生产线不需要交维修费，当年建成的生产线不计提折旧。本年每个季度投资全自动和柔性生产线的前2年产出产品数、维修费用和折旧费用如表7-9所示。

表7-9 全自动和柔性生产线前2年产出和费用表

投资建设季度	生产线类型	建成投产季度	投资2年产出	投资2年维修费用	投资2年折旧费用
本年第一季度	全自动、柔性线	下年第一季度	3	1	0
本年第二季度	全自动、柔性线	下年第二季度	2	1	0
本年第三季度	全自动、柔性线	下年第三季度	1	1	0
本年第四季度	全自动、柔性线	下年第四季度	0	1	0

从表7-9可以看出，如投资全自动和柔性生产线，在第一季度投资最好，必要的时候也可以考虑在第二季度投资建线，最好不在第三季度投资建线，一般不考虑在第四季度投资建线。

三、厂房的投资

根据规则，A厂房是自有厂房，有些模拟企业想卖出厂房来购买新生产线扩大产能。实际上，A厂房的租金是4M，可变卖的现金是32M，那么相当于资金成本为4/32=12.5%，资金成本高于长期贷款的10%，而且变卖厂房得到的是四个账期的应收账款，同时需要将厂房的生产线全部变卖之后才能变卖厂房，所以一般不考虑变卖厂房。

很多模拟企业对于应该购买还是租用厂房很难决策，多数参考资料都片面强调租厂房或买厂房。实际上，应从资金使用的机会成本进行考虑，如表7-10所示。

表7-10　购进厂房节省租金效益表

厂房	购买价	租金	购买节省租金的效益	长期贷款成本	民间融资成本
B厂房	24M	3M	12.5%	10%	15%
C厂房	12M	2M	16.67%	10%	15%

从表7-10可以看出，用于购买B厂房的24M可以节省租金的效益是12.5%，大于长期贷款成本而小于民间融资成本。所以利用长期贷款来购买B厂房是合适的，而利用民间融资来购买B厂房是不合适的。

用于购买C厂房的12M可以节省租金的效益是16.67%，显然，这时采用长期贷款和民间融资来购买厂房都是合适的。

但是，由于贷款的额度是有限的，模拟企业应该考虑贷款的资金优先投资厂房还是生产线。参考表7-7，对比投资厂房和全自动、柔性线生产线的收益，如表7-11所示。

表7-11　投资全自动和柔性线生产各产品收益表

生产线	购买价(M)	4年产量(个)	产品	4年净收益(M)	年均净收益(M)	收益率
全自动	16	11个	P1	9.9	2.475	15.47%
全自动	16	11个	P2	26.4	6.6	41.25%
全自动	16	11个	P3	31.9	7.975	49.84%
全自动	16	11个	P4	37.4	9.35	58.44%
柔性线	24	11个	P1	5.1	1.275	5.31%
柔性线	24	11个	P2	21.6	5.4	22.50%
柔性线	24	11个	P3	27.1	6.775	28.23%
柔性线	24	11个	P4	32.6	8.15	33.96%

从表7-11可以看出，如果生产出来的产品可以用较低的广告成本卖向市场(不计广告费分摊)，那么投资生产线生产P2、P3和P4的收益都将大于购买厂房节省租金带来的收益，所以从机会成本角度考虑，在企业发展初期，在不断开拓市场的情况下，需求不断扩大，为了投资建设更多生产线，应考虑租用厂房，而不是购买厂房。

任务三　柔性生产的库存管理策略

【知识目标】

✧ 了解柔性线的特点和管理方法。

【能力目标】

✧ 能根据柔性线的特点进行材料采购和库存管理。

【任务引入】

在新年度订货会议上，各组的营销经理进行激烈的选单，一张好销售订单可以为企业带来可观的收益甚至扭亏为盈。B公司已经接到一张“4P3，账期为3Q，销售额为36M”的订单，该公司的营销经理又看到一张“3P3，账期为1Q，销售额30M”的订单，企业现在生产P3产品的只有1条全自动线，上年度末没有P3的库存，企业有条柔性线在生产P1产品，本来可以转产P3，但是在上一年度没有多订R3原材料，如果从第一季度开始多下R3的订单，要第三季度才开始转产，第四季度才能出产1个P3，预计不能按期交货，所以这样一张很好的订单只能拱手让人了。

任务：给B公司提建议，如何才能做好柔性线的管理，并在订货会上竞争到好订单。

知识链接

模拟企业采用MRP法计算原材料采购计划，能有效地控制原材料的库存。但是有一个关键问题：在每年的年度末，企业是不知道到底新一年度的具体销售订单能竞得什么产品？数量是多少？何时交货等？因此，经营者不能预见第三、第四季度应该如何下原材料订单。特别是企业有柔性线的情况下，很难确定下一年度第一、二季度应该采用柔性线生产什么产品。这就要求经营者通过对各市场不同产品需求趋势图分析新年的市场可能趋势，然后提前下原材料订单。因为规则规定R1、R2提前1季度下采购订单，R3、R4下订单1季度，运输1季度，实际上需要提前2季度下订单才能满足按时提供原料上线的计划。同时对于不太能确定的情况下，最好适当多订些原材料，让柔性线在下一年度的第一、二季度能投产有生产资格的任何产品。

例如，某模拟企业第四年年末具备生产P1、P2、P3的资格，现在共有5条生产线，其中半自动1条生产P2；全自动3条，分别生产P1、P2、P3各1条；柔性线1条，正在生产P1。生产与原材料采购计划如表7-12所示。

表7-12 生产与原材料采购计划表

生产线类型	项目/季度	本年3Q	本年4Q	下年1Q	下年2Q	下年Q3
半自动	投产	在产	P2	在产	P2	在产
	原材料需求		R1+R2		R1+R2	
全自动线(P1)	投产	P1	P1	P1	P1	P1
	原材料需求	R1	R1	R1	R1	R1
全自动线(P2)	投产	P2	P2	P2	P2	P2
	原材料需求	R1+R2	R1+R2	R1+R2	R1+R2	R1+R2
全自动线(P3)	投产	P3	P3	P3	P3	P3
	原材料需求	2R2+R3	2R2+R3	2R2+R3	2R2+R32	2R2+R3
柔性线	投产	P1	P1	P1	P1	P1
	原材料需求	R1	R1	R1	R1	R1

续表

生产线类型	项目/季度	本年3Q	本年4Q	下年1Q	下年2Q	下年Q3
R1原材料需求	需求数	3	4	3	4	3
	已有库存	0	0	0	0	0
	提前期	←提前1个季度下订单				
	采购计划	4	3	4	3	
R2原材料需求	需求数	3	4	3	4	3
	已有库存	0	0	0	0	0
	提前期	←提前1个季度下订单				
	采购计划	4	3	4	3	
R3原材料需求	需求数	1	1	1	1	1
	已有库存	0	0	0	0	0
	提前期	←提前2个季度下订单				
	采购计划	1	1	1		

如果按照这个计划下原材料订单，下年度有较多的P2、P3销售订单，模拟企业也不能在短期内把柔性线转产P2、P3，需要下一年度的第一季度采购足够的R2、R3，第三季度才能进行转产，这样就有可能失去了获得较好订单的机会。

为了下一年度的第一季度能让柔性线生产已经获得生产资格的任何产品，模拟企业应该改进其生产与原材料采购计划，如表7-13所示。

表7-13　更新后的生产与原材料采购计划表

生产线类型	投产/产出	本年3Q	本年4Q	下年1Q	下年2Q	下年Q3
半自动	投产	在产	P2	在产	P2	在产
	原材料需求		R1＋R2		R1＋R2	
全自动线(P1)	投产	P1	P1	P1	P1	P1
	原材料需求	R1	R1	R1	R1	R1
全自动线(P2)	投产	P2	P2	P2	P2	P2
	原材料需求	R1＋R2	R1＋R2	R1＋R2	R1＋R2	R1＋R2
全自动线(P3)	投产	P3	P3	P3	P3	P3
	原材料需求	2R2＋R3	2R2＋R3	2R2＋R3	2R2＋R32	2R2＋R3
柔性线 P1/P2/P3	投产	P1	P1	P1(2/3)	P1(2/3)	P1(2/3)
	原材料需求	R1	R1	R1＋2R2＋R3	R1＋2R2＋R3	R1＋2R2＋R3
R1 原材料需求	需求数	3	4	3	4	3
	已有库存	0	0	0	0	0
	提前期	←提前1个季度下订单				
	采购计划	4	3	4	3	

续表

生产线类型	投产/产出	本年3Q	本年4Q	下年1Q	下年2Q	下年Q3
R2 原材料需求	需求数	3	4	5	6	5
	已有库存	0	0	0	0	0
	提前期	←提前1个季度下订单				
	采购计划	4	5	6	5	
R3 原材料需求	需求数	1	1	2	2	2
	已有库存	0	0	0	0	0
	提前期	←提前2个季度下订单				
	采购计划	2	2	2		

就是假设下一年度柔性线可能生产P1、P2、P3的任何一种产品，需求的原材料能满足三种产品任何一种产品生产的需求。通过适当订购一些原材料的安全库存，让柔性线下一年度初就可以体现出其转产的灵活性，能争取到更好的销售订单。

经营到下年度，一旦拿到销售订单，企业需要根据实际产品销售量和原材料库存情况及时调整每季度原材料订单数量。

训练情境六　实训第六年经营

本年度进入全局战略管理时期，主要训练任务是要求学员在企业模拟经营中合理运用企业总体战略，全面进行企业的成本分析，为第二轮电子沙盘实战经营做好充分准备。

任务一　批量采购下的财务预算

【知识目标】

✧ 了解原材料批量采购的规则。

【能力目标】

✧ 能运用批量采购的策略解决企业财务问题。

【任务引入】

模拟企业在某年预算的时候发现财务状况比较紧张，现金不足，需要较多的短期贷款。财务经理认为太多的短期贷款会带来一定的财务风险，而且企业成本也会增加，建议其他经理考虑适当缩减开支，以减少贷款，但是生产经理和营销经理都不同意缩减开支，这时采购经理提出，可以考虑通过批量采购原材料来缓解资金的压力。

任务：充分运用批量采购原材料延迟付款的规则来缓解模拟企业的资金压力。

知识链接

企业经营沙盘中，按照规则可以通过批量采购延迟支付原材料款项，形成一定账期的应付款，采购原材料延迟付款如表 8-1 所示。

表 8-1　采购原材料延迟付款表

原材料采购（每种原材料价格 1M）		账　　期
每种每次原材料采购	5 个以下	现金
	6～10 个	1Q
	11～15 个	2Q
	16～20 个	3Q
	20 个以上	4Q

在企业经营模拟中，模拟企业可以利用这个规则延迟支付原材料款项，从而减少贷款，提高利润。

例如，某模拟企业的经营到某年有2条全自动线生产P2，2条全自动线生产P1，企业计划新购一条柔性生产线，并计划研发P3产品。在第二季度会收到应收账款27M，第四季度会收到应收账款33M，模拟企业某年制定的预算表，如表8-2所示。

表8-2　模拟企业某年制定的预算表

经营步骤	第一季度		第二季度		第三季度		第四季度	
	资金收支	现金余额	资金收支	现金余额	资金收支	现金余额	资金收支	现金余额
年初现金	25	25	19	19	27	27	8	8
支付税金	0	25						
支付广告费	−7	18						
还短期贷款和利息	0	18						
申请短期贷款（民间融资）	20	38	0	19			20	28
应收款收现			27	46			33	61
买入原材料	−6	32	−6	40	−6	21	−6	55
产品研发投资	−2	30	−2	38	−2	19	−2	53
投资新生产线	−6	24	−6	32	−6	13	−6	47
投产费用	−4	20	−4	28	−4	9	−4	43
支付行政管理费	−1	19	−1	27	−1	8	−1	42
支付利息/申请长期贷款							−2	40
支付设备维修费							−4	36
支付租金/购买厂房								
新市场开拓							−1	35
ISO资格认证投资							−1	34
结账								34
现金收入合计	20		27		0		53	
现金支出合计	−26		−19		−19		−27	
期末现金对账（填余额）	19	19	27	27	8	8	34	34

因为下年第一季度需要还本年第一季度借的短期贷款本息21M，所以本年期末应保证在足够下年支付广告费和税金之后仍有大于或等于21M的现金。

按照这个预算，本年需要在第一季度和第四季度分别贷款20M，下一年度需要支付利息2M。如果模拟企业在上年第四季度一次性订购21个R1，那么本年第一季度收到21个R1，但是不需要支付货款，而是四个季度后支付，也就是下年的第一季度才支付货款。企业只需要支付2个R2的原材料款项，其财务预算变成表8-3所示。

表 8-3　某年批量订购后的新财务预算表

经营步骤	第一季度		第二季度		第三季度		第四季度	
	资金收支	现金余额	资金收支	现金余额	资金收支	现金余额	资金收支	现金余额
年初现金	25	25	3	3	15	15	0	0
支付税金	0	25						
支付广告费	-7	18						
还短期贷款和利息	0	18						
申请短期贷款(民间融资)	0	18	0	3	0	15	0	0
应收款收现			27	30			33	33
买入原材料	-2	16	-2	28	-2	13	-2	31
产品研发投资	-2	14	-2	26	-2	11	-2	29
投资新生产线	-6	8	-6	20	-6	5	-6	23
投产费用	-4	4	-4	16	-4	1	-4	19
支付行政管理费	-1	3	-1	15	-1	0	-1	18
支付利息/申请长期贷款							-2	16
支付设备维修费							-4	12
支付租金/购买厂房								
新市场开拓							-1	11
ISO资格认证投资							-1	10
结账								10
现金收入合计	0		27		20		33	
现金支出合计	-22		-15		-15		-23	
期末现金对账(填余额)	3	3	15	15	0	0	10	10

因为下年第一季度不需要偿还短期贷款，所以期末现金只需要保留足够支付下年税金和广告费。

通过采用批量采购的规则，形成应付账款后，模拟企业可以减少 40M 的短期借款，利息费用减少 2M。但是在采用这个规则的时候需要注意原材料平均用量、订购批量和应付账款账期的问题，一般情况下，利用这个规则需要满足以下条件。

季度原材料平均用量≤订购批量÷(应付账款账期+1)

如果模拟企业在季度原材料平均用量很小的情况下，如本例中的 R2，到了需要支付原材料货款的时候，企业还有较多的原材料库存，下一年度的资金压力更大。

企业可以充分利用应付账款的付款周期，在一段时间内无息使用这笔货款。如果企业采购规模较大，通过应付账款无息使用的货款资金量就会非常庞大，应付账款节省的利息费用就能够产生巨大的利润和效用。中国的一些连锁企业，如苏宁、国美等，会利用这笔资金帮助企业快速扩张。有专家分析国美、苏宁多年的财务报表时发现，其债务主要为短期负债,没有长期负债,而短期债务中绝大部分是应付账款和应付票据。按照行业经验,应付账款一般仅延期3～4个月,企业就可以无偿使用应付账款为企业创造更多利润。

任务二 运用企业战略

【知识目标】

✧ 掌握模拟企业的经营战略。

【能力目标】

✧ 能合理运用企业战略经营模拟企业。

【任务引入】

在企业经营沙盘中,B公司在第六年年初经营会上,组员们争论非常激烈,有些组员埋怨总经理在开始经营的时候没有给公司制订合理的战略,有些组员说自己提出了很好的发展战略方案,但是没有得到实施。

任务:为B公司制订合适的发展战略。

知识链接

一、企业经营战略概述

企业经营战略是企业面对激烈变化、严峻挑战的环境,为求得长期生存和发展而进行的总体性谋划。它是企业战略思想的集中体现,是企业经营范围的科学规划,同时又是制订计划的基础。更具体地说,经营战略是在符合和保证实现企业使命的条件下,在充分利用环境中存在的各种机会和创造新机会的基础上,确定企业同环境的关系,规定企业的经营范围、成长方向和竞争对策,合理地调整企业结构和分配企业的全部资源。从其制订要求看,经营战略就是用机会和威胁评价现在和未来的环境,用优势和劣势评价企业现状,进而选择和确定企业的总体、长远目标,制订和抉择实现目标的行动方案。

二、企业经营沙盘的战略技巧

1. 先发制人战略

第一年以高额广告策略夺得高额的订单,并利用这种优势积极开发新产品、开拓新市场,成功实现P1向P2、P2向P3或P4的主流产品过渡。同时筹集大量资金投资生产能力大的全自动或柔性线。在竞争中始终保持主流产品销售量和综合销量第一。同时以巨大的产能一直采用高广告策略争夺更多销售订单。在整个经营过程中保持权益最高,使对手望尘莫及,最终拔得头筹。

2. 先屈后伸战略

前1～2年谨小慎微,缩小广告投入,减慢研发速度,背地里却摩拳擦掌,多建设备,多储资金,蓄势待发;中期大刀阔斧,突飞猛进。这种战术颇有道理,符合市场前期量小,中后期量大的特点，往往能产生石破天惊的效果，体现了“欲先取之，必先予之”的道家思想，但要注意掌握好转折的时机和注意维持前段的存活空间。

3. 后发制人战略

前段平淡无奇，相貌平平，最后一二年突发奇兵，如占领国际市场，卖出大量产品或开发、生产出高价产品等，从而大幅度提高收益。此法可麻痹敌人，使其产生错误的判断，放慢脚步，自己则出奇制胜。此战略体现了“实则虚之，虚则实之”的孙子兵法思想，但只是短期冲高，上扬幅度有限，且若遇到用同样战术者必然两败俱伤。表 8-4 中 A 公司即采用此战略，在第五年占领国际市场，从而在第六年超过对手。

表 8-4　各种所有者权益变化情况　　单位：M

公司	起始年	1	2	3	4	5	6
A 公司	66	39	26	23	47	74	126
B 公司	66	39	21	40	60	82	98
C 公司	66	44	24	40	44	56	111

4. 规避竞争战略

规避竞争战略尽量减少两军相争，人弃我取。如别人不要国际市场，则自己占领之；别人不生产某产品，则自己生产之。此战略有可取之处，但缺少对竞争对手的遏制，且开发的是非主流产品或非主流市场，开发时不是费用大就是周期长，因此也会有风险。

5. 专营战略

专营战略是以一种产品为主进行广告投放，减少广告费用支出，同时也可减少开发费用以及其他开销。此战略可集中精力，但竞争面狭窄，没有考虑产品的生命周期和市场需求量等因素，不易取得市场领导者的地位。

表 8-5 是某公司历年订单汇总表，前三年专营 P1 产品，后三年专营 P3 产品，历年收入总额太少，勉强维持。

表 8-5　某企业的订单情况　　单位：M

年份	P1			P2			P3			P4		
	收入	数量	成本	收入	数量	成本	收入	数量	成本	收入	数量	成本
1	6	2										
2	20	8										
3	23	10										
4							34	4	16			
5							53	6	24			
6							38	4	16			

6. 兼营战略

与专营战略相反，就是在多个产品市场进行广告投放，并进行多种产品的生产，以此占领多个产品市场，此战略较为稳妥，但会增加开发费用和其他费用开支。表 8-6 是一个兼营战略企业收入情况表，P1 的转产、P2 的开发和 P3 的开发逐步完成，错落有序，在实战中成绩斐然。

表 8-6 兼营战略企业收入情况表 单位：M

年份	P1			P2			P3			P4		
	收入	数量	成本	收入	数量	成本	收入	数量	成本	收入	数量	成本
1	16	3	6									
2	19	4	8	15	2	6						
3	15	5	6	64	7	21	47	6	24			
4				66	8	24	37	4	16			
5				84	11	33	41	5	20			
6				38	6	18	87	10	40			

任务三 成本核算分析

【知识目标】

✧ 掌握各项费用的成本效益评价指标。

【能力目标】

✧ 能进行各项费用的成本效益分析。

【任务引入】

模拟企业经过5年的经营，投入了大量的费用，包括广告费用、市场开拓认证费用、维修费用、研发费用、财务费用和行政管理费用等，企业经理们正在讨论这些费用中，哪些费用对企业的经营产生了良好的效益，哪些费用的效益并不理想，希望通过一些分析工具对这些成本费用的效益进行分析，从而对成本费用进行合理控制。

任务：对成本费用的效益进行分析评价，并找出导致企业成本较高的原因。

知识链接

成本费用的效益分析应当考虑费用的投资效益和费用的成本分摊两个因素。

(1) 费用的投资效益。其基本计算公式为

费用效益＝总销售额÷该项费用

这一指标反映的是单位费用投资(1M)带来的销售额是多少。比如广告费用效益表示1M广告投资产生的销售额。效益越大，表示投资回报越大。

(2) 费用的成本分摊。基本计算公式为

费用成本分摊＝该项费用÷总销售额

这一指标是上一指标的倒数，其反映的是在单位销售额当中，该项费用所占的成本比率。比如广告费用成本分摊比率为0.23时，说明在1M销售额当中，广告成本占23%，分摊越小，成本越低。

一、广告费用效益分析

1. 广告效益分析指标

广告投放效果分析就是对广告投入的成本同广告收益的对比分析。通常用来分析广告效果的指标是广告投入产出比，其计算公式为

广告投入产出比＝订单销售总额÷广告投入

如D公司在第一年本地P1产品市场投入广告2M，拿到的订单数量为3，单价为5M，则D公司的广告投入的产出比为15÷2＝7.5，效果还不错。

广告投入产出分析是用来比较各企业在广告投入上的差异。这个指标告诉经营者：本公司与竞争对手在广告投入策略上的差异，以警示营销经理深入分析市场和竞争对手，寻求节约成本和较优策略取胜的突破口。

该方法分析广告投放效果有一定的局限性，在对于主营不同产品的公司之间进行比较意义不大。因为，对于生产不同产品的公司之间，虽然其广告的投入产出是一样的，但是由于销售额是包括产品成本在内的，不同产品的成本是不同的，给企业带来的利润也不同，自然企业的广告效益也应该不同，但是如果用广告投入产出比进行分析，得出的结论却是相同的。

鉴于以上缺陷，可以采取广告毛利率作为分析广告效果的指标。其计算公式为

广告毛利率＝订单毛利÷广告投入

这样即使生产不同产品的公司也可以直接进行比较，且通过该指标可以看出该项投入是否能为企业带来利润。

2. 广告费用的成本分摊

广告成本分摊＝累计广告投入总额÷累计销售收入总额

3. 广告费用效益不好的原因分析

(1) 市场定位不清晰。模拟企业没有进入毛利大、需求量大的市场，订单不足，单位产品毛利又不高，导致销售额不高，相对广告费用成本过高。

(2) 产品定位不清晰。企业有限的生产能力主要用于生产毛利小的产品，这种低端产品造成广告费用的成本过高。

(3) 对竞争对手分析不足。模拟企业经营者没有对竞争对手的生产能力和可以提供市场的产品进行细致的分析，或者盲目地去竞争“标王”，导致广告费用成本过高。

(4) 缺乏费用预算控制。广告费用在财务预算的时候没有控制在销售额的一定百分比范围内，广告投入具有一定的盲目性，导致广告的成本费用过高。

模拟企业需要从以上几个方面进行改善，争取以最小的广告投入来获得价格适当、能满足企业产能的销售订单。

二、研发费用效益分析

1. 研发费用效益分析指标

研发费用效果分析就是对研发投入的成本费用同研发效果的对比分析。其分析公式为

研发费用效果分析＝某产品累计销售收入÷该产品研发投入

为了对比不同产品的研发费用效果，也可以采取毛利率作为分析研发效果的指标。其

计算公式为

研发效益毛利率＝某产品累计毛利÷该产品研发投入

2. 研发费用成本分摊

研发费用成本分摊＝某产品研发费用总投入÷该产品累计销售收入

3. 研发费用效益不好的原因分析

(1) 产品定位不准。模拟企业未对产品进行盈亏平衡点分析，对产品生命周期的思考不清晰。比如P4产品在第4年之后才能开始销售。过早投资研发会造成不合理的资金占用，达不到盈利销售量。结果势必造成研发成本过大。

(2) 资源使用过于分散。模拟企业对产品生命周期思考不清晰，经营上体现的是同时研发多个产品，受产能局限，每种产品的产能却很小，所以研发费用效益不高。每年经营必须考虑主打产品的现金流，集中优势资源对优势产品进行逐个突破。如果所有产品都同时开工生产，势必造成每个产品的经营效果都不佳，研发成本过高。

由以上分析可以看出，研发效益提高的思路应当是在不同时期选择毛利最高的产品为主打产品。

三、维修租金变更费用效益分析

1. 维修租金变更费用效益分析指标

维修租金变更费用效果分析，就是对维修租金变更费用同模拟企业的经营效果的对比分析。其分析公式为

维修租金变更费用效果分析＝累计销售收入总额÷维修租金变更费用累计总额

2. 维修租金变更费用成本分摊

维修租金变更费用成本分摊＝维修租金变更费用累计总额÷累计销售收入总额

3. 维修租金变更费用效益不好的原因分析

(1) 缺乏生产线投资回报意识。所有生产线维修费用都是1M，但每年手工生产线产能只有1.33个，全自动线是4个。产品销售额分摊1M维修费用时，全自动的成本一定是手工生产线的1/3。

(2) 误解资产与费用关系。许多学员认为在企业沙盘经营中“租厂房”更合适。其理由是租B厂房的租金只有每年3M，6年累计是18M；而B厂房购买的价格24M。其实购买厂房属于将流动资金转换为固定资产，并没有形成成本费用。而租金是费用，将记入成本。由于这种误解，导致许多模拟企业的租金成本很高，但利润不高。

(3) 全自动和半自动线转产费用太高。全自动和半自动生产线转产需要一定的转产费用和转产周期，有些模拟企业在进行生产线建设的时候没有进行深入的分析，或因为市场订单不足，就经常变更生产线，导致生产线变更费用居高不下。

由以上可以看出维修费用效益提高的思路应当是“淘汰”产能低的生产线，特别是手工生产线；租金费用效益提升的思路应当是充分利用融资手段，在资金充裕的情况下，适当考虑购买厂房，降低租金；生产线变更费用效益提升的思路是做好生产线建设规划，全自动和半自动生产线尽量不转产，仅对柔性线进行转产。

四、直接成本效益分析

1. 直接成本效益分析指标

直接成本效益分析就是直接成本费用同模拟企业的经营效果的对比分析。其分析公式为

直接成本效益分析＝累计销售收入总额÷直接成本费用累计总额

2. 直接成本费用分摊

直接成本费用分摊＝直接成本费用累计总额÷累计销售收入总额

3. 直接成本费用效益不好的原因分析

(1) 未控制生产加工费用。模拟企业如果使用手工生产线生产高端产品时，将导致加工费用加大。例如，用手工线生产 P4 加工费是 3M，而全自动生产线生产 P4，加工费只有 1M。所以生产高端产品不应当使用手工生产线或者半自动生产线生产。

(2) 选单时忽略订单价格。多数模拟企业在选择订单时，对订单的价格因素考虑不够，特别是产品库存大量积压时选单往往倾向于订单数量；资金紧张时倾向于应收款期限较短的订单。而很少会考虑单价高、毛利大的订单。

由以上分析可以看出，直接成本效益提高的思路应当使用全自动生产线生产"高端产品"，选择订单应考虑销售单价因素。

五、利息贴现费用效益分析

1. 利息贴现费用效益分析指标

利息贴现费用效益分析，就是对利息贴现费用同模拟企业的经营效果的对比进行分析。其分析公式为

利息贴现费用效益分析＝累计销售收入总额÷利息贴现费用累计总额

2. 利息贴现费用分摊

利息贴现费用分摊＝利息贴现费用累计总额÷累计销售收入总额

3. 利息贴现费用效益不好的原因分析

(1) 融资策略失当。各种贷款中利息最低的是短期贷款。如果没有做好资金链规划，没有"财务杠杆"意识，过多地进行长期贷款，甚至民间融资，利息费用势必过高。

(2) 现金流控制不当。模拟企业未能充分做好资金预算，或做好了预算但缺乏资金流控制意识。在现金流"危机"时过多地使用了贴现，造成模拟企业贴现成本过大。

由以上分析可以看出财务费用效益提高的思路应当是做好企业融资的前瞻规划和资金链的实时控制。

六、行政管理费用效益分析

1. 行政管理费用效益分析指标

行政管理费用效益分析就是对行政管理费用同模拟企业的经营效果的对比分析。其分析公式为

行政管理费用效益分析＝累计销售收入总额÷行政管理费用累计总额

2．行政管理费用分摊

行政管理费用分摊＝行政管理费用累计总额÷累计销售收入总额

3．行政管理费用效益不好的原因分析

行政管理费用效益不好的分析因素只有1个：销售额太低。因为各组的行政管理费用是相同的，每年4M。销售额大，自然分摊比例小。企业规模做大了，实现了规模效益，各项固定成本的分摊比率自然降低。

由以上分析可以看出，降低行政管理费用成本分摊的思路就是扩大销售规模。

实战篇　经 营 表 格

企业全面经营管理沙盘训练经营手册

班级		
指导教师		
姓名	学号	职位

实战经营手册第一年

请按顺序执行下列各项操作。财务经理(助理)在表格中填写现金收支情况,如表 9-1～表 9-10 所示。

表 9-1 第一年经营现金流量表

经 营 步 骤	1Q	2Q	3Q	4Q
新年度规划会议、制订新年度计划				
支付应付税				
投放广告				
参加订货会/登记销售订单				
季初现金盘点(填余额)				
更新短期贷款/还本付息				
申请短期贷款(民间融资)				
更新应收款/归还应付款				
支付并接受已订货物/下原材料订单				
产品研发投资				
更新生产/完工入库				
生产线转产				
变卖生产线				
购买生产线				
开始下一批生产				
按订单交货给客户/交违约金				
支付行政管理费				
支付利息/更新长期贷款				
申请长期贷款				
支付设备维修费				
支付租金/购买厂房				
计提折旧				
新市场开拓/ISO 资格认证投资				
关账				
现金收入合计				
现金支出合计				

续表

经营步骤		1Q	2Q	3Q	4Q
期末现金对账(计算余额)					
期末盘点	期末现金对账(填盘面余额)				
	原材料库存(采购经理填写)				
	在制品(生产经理填写)				
	产成品库存(营销经理填写)				

表 9-2　成品估算表

产品	成品库存	预计产出	合计
P1			
P2			

表 9-3　第一年广告计划表

产品 市场	P1	P2	P3	P4
本地				

表 9-4　第一年订单记录表

编号	产品	市场	数量	单价	金额	账期	成本	毛利	计划交货	计划回款
1										
2										
3										

表 9-5　第一年生产计划表

编号	生产线类型	产品	内容	本年1Q	本年2Q	本年3Q	本年4Q	下年1Q	下年2Q
L1	手工	P1	产出						
			投产						
			原材料需求						
L2	手工	P1	产出						
			投产						
			原材料需求						
L3	半自动	P1	产出						
			投产						
			原材料需求						
L4	全自动	P2	产出						
			投产						
			原材料需求						

续表

编号	生产线类型	产品	内容	本年1Q	本年2Q	本年3Q	本年4Q	下年1Q	下年2Q
L5	柔性线	P2/P3	产出						
			投产						
			原材料需求						
L6			产出						
			投产						
			原材料需求						
当期投产产品合计									

表 9-6 第一年物料采购计划表

原材料种类	内容	本年1Q	本年2Q	本年3Q	本年4Q	下年1Q	下年2Q
R1 原材料	毛需求数						
	库存						
	计划收到		—	—	—	—	—
	净需求						
	提前期	←提前 1 个季度下订单					
	采购计划						
R2 原材料	毛需求数						
	库存						
	计划收到		—	—	—	—	—
	净需求						
	提前期	←提前 1 个季度下订单					
	采购计划						
R3 原材料	毛需求数						
	库存						
	计划收到			—	—	—	—
	净需求						
	提前期	←提前 2 个季度下订单					
	采购计划						
R4 原材料	毛需求数						
	库存						
	计划收到			—	—	—	—
	净需求						
	提前期	←提前 2 个季度下订单					
	采购计划						
预计当期收到材料数合计							

表 9-7　第一年现金流预算表

经营步骤	第一季度资金收支	第二季度资金收支	第三季度资金收支	第四季度资金收支
期初现金				
支付广告费				
支付税金				
还短期贷款和利息				
现金余额 1				
申请短期贷款(民间融资)				
归还应付款				
应收款收现				
产品研发投资				
买入原材料				
变卖生产线				
投资新生产线				
生产线转产				
投产费用				
现金余额 2				
按订单交货收现金或罚款				
支付行政管理费				
其他现金收支				
支付利息/还长期贷款				
申请长期贷款				
支付设备维修费				
支付租金/购买厂房				
新市场开拓				
ISO 资格认证投资				
关账				
现金收入合计				
现金支出合计				
期末现金对账(填余额)				

表 9-8　第一年综合管理费用明细表

项　　目	金　额	备　　注
管理费		
广告费		
维修费		
租金		

续表

项　目	金　额	备　注
变更费		
市场准入开拓		□区域 □国内 □亚洲 □国际
ISO资格认证		□ISO 9000　□ ISO 14000
产品研发		P2(　　) P3(　　) P4(　　)
合计		

表 9-9　第一年利润表

项　目	符号	年　初	年　末
销售收入	+		
直接成本	−		
毛利	=		
综合费用	−		
折旧前利润	=		
折旧	−		
支付利息前利润	=		
财务收入/支出	+/−		
营业外收入/支出	+/−		
税前利润	=		
所得税	−		
净利润	=		

表 9-10　第一年资产负债表

资　产		年初	年末	负债+权益		年初	年末
固定资产				负债			
土地和建筑	+			长期负债	+		
机器和设备(含在建工程)	+			短期负债	+		
总固定资产	=			应收款	+		
流动资产				应交税	+		
现金	+			总负债	=		
应收款	+			权益			
在制品	+			股东资本	+		
成品	+			利润留存	+		
原料	+			年度净利润	+		
总流动资产	=			所有者权益	=		
总资产	=			负债+权益	=		

实战经营手册第二年

请按顺序执行下列各项操作。财务经理(助理)在表格中填写现金收支情况,表10-1～表10-10所示。

表 10-1　第二年经营现金流量表

经营步骤	1Q	2Q	3Q	4Q
新年度规划会议、制订新年度计划				
支付应付税				
投放广告				
参加订货会/登记销售订单				
季初现金盘点(填余额)				
更新短期贷款/还本付息				
申请短期贷款(民间融资)				
更新应收款/归还应付款				
支付并接受已订货物/下原材料订单				
产品研发投资				
更新生产/完工入库				
生产线转产				
变卖生产线				
购买生产线				
开始下一批生产				
按订单交货给客户/交违约金				
支付行政管理费				
支付利息/更新长期贷款				
申请长期贷款				
支付设备维修费				
支付租金/购买厂房				
计提折旧				
新市场开拓/ISO资格认证投资				
关账				
现金收入合计				
现金支出合计				

续表

经营步骤		1Q	2Q	3Q	4Q
期末现金对账(计算余额)					
期末盘点	期末现金对账(填盘面余额)				
	原材料库存(采购经理填写)				
	在制品(生产经理填写)				
	产成品库存(营销经理填写)				

表 10-2　成品估算表

产品	成品库存	预计产出	合计
P1			
P2			
P3			

表 10-3　第二年广告计划表

市场＼产品	P1	P2	P3	P4
本地				
区域				

表 10-4　第二年订单记录表

编号	产品	市场	数量	单价	金额	账期	成本	毛利	计划交货	计划回款
1										
2										
3										
4										
5										
6										

表 10-5　第二年生产计划表

编号	生产线类型	产品	内　容	本年1Q	本年2Q	本年3Q	本年4Q	下年1Q	下年2Q
L1			产出						
			投产						
			原材料需求						
L2			产出						
			投产						
			原材料需求						

续表

编号	生产线类型	产品	内容	本年1Q	本年2Q	本年3Q	本年4Q	下年1Q	下年2Q
L3			产出						
			投产						
			原材料需求						
L4			产出						
			投产						
			原材料需求						
L5			产出						
			投产						
			原材料需求						
L6			产出						
			投产						
			原材料需求						
L7			产出						
			投产						
			原材料需求						
当期投产产品合计									

表 10-6　第二年物料采购计划表

原材料种类	内　容	本年1Q	本年2Q	本年3Q	本年4Q	下年1Q	下年2Q
R1 原材料	毛需求数						
	库存						
	计划收到		—	—	—	—	—
	净需求						
	提前期	←提前 1 个季度下订单					
	采购计划						
R2 原材料	毛需求数						
	库存						
	计划收到		—	—	—	—	—
	净需求						
	提前期	←提前 1 个季度下订单					
	采购计划						

续表

原材料种类	内　容	本年 1Q	本年 2Q	本年 3Q	本年 4Q	下年 1Q	下年 2Q
R3原材料	毛需求数						
	库存						
	计划收到			—	—	—	—
	净需求						
	提前期	←提前2个季度下订单					
	采购计划						
预计当期收到材料数合计							

表 10-7　第二年现金流预算表

经营步骤	第一季度资金收支	第二季度资金收支	第三季度资金收支	第四季度资金收支
期初现金				
支付广告费				
支付税金				
还短期贷款和利息				
现金余额 1				
申请短期贷款(民间融资)				
归还应付款				
应收款收现				
产品研发投资				
买入原材料				
变卖生产线				
投资新生产线				
生产线转产				
投产费用				
现金余额 2				
按订单交货收现金或罚款				
支付行政管理费				
其他现金收支				
支付利息/还长期贷款				
申请长期贷款				
支付设备维修费				
支付租金/购买厂房				
新市场开拓				
ISO资格认证投资				
关账				
现金收入合计				
现金支出合计				
期末现金对账(填余额)				

表 10-8　第二年综合管理费用明细表

项　　目	金　额	备　　注
管理费		
广告费		
维修费		
租金		
变更费		
市场准入开拓		□区域　□国内　□亚洲　□国际
ISO 资格认证		□ISO 9000　□ISO 14000
产品研发		P2(　　)P3(　　)P4(　　)
合计		

表 10-9　第二年利润表

项　　目	符号	年　　初	年　　末
销售收入	+		
直接成本	−		
毛利	=		
综合费用	−		
折旧前利润	=		
折旧	−		
支付利息前利润	=		
财务收入/支出	+/−		
营业外收入/支出	+/−		
税前利润	=		
所得税	−		
净利润	=		

表 10-10　第二年资产负债表

资　　产		年初	年末	负债+权益		年初	年末
固定资产				负债			
土地和建筑	+			长期负债	+		
机器和设备(含在建工程)	+			短期负债	+		
总固定资产	=			应收款	+		
流动资产				应交税	+		
现金	+			总负债	=		
应收款	+			权益			
在制品	+			股东资本	+		
成品	+			利润留存	+		
原料	+			年度净利润	+		
总流动资产	=			所有者权益	=		
总资产	=			负债+权益	=		

实战经营手册第三年

请按顺序执行下列各项操作。财务经理(助理)在表格中填写现金收支情况,如表 11-1～表 11-10 所示。

表 11-1　第三年经营现金流量表

经营步骤	1Q	2Q	3Q	4Q
新年度规划会议、制订新年度计划				
支付应付税				
投放广告				
参加订货会/登记销售订单				
季初现金盘点(填余额)				
更新短期贷款/还本付息				
申请短期贷款(民间融资)				
更新应收款/归还应付款				
支付并接受已订货物/下原材料订单				
产品研发投资				
更新生产/完工入库				
生产线转产				
变卖生产线				
购买生产线				
开始下一批生产				
按订单交货给客户/交违约金				
支付行政管理费				
支付利息/更新长期贷款				
申请长期贷款				
支付设备维修费				
支付租金/购买厂房				
计提折旧				
新市场开拓/ISO 资格认证投资				
关账				
现金收入合计				
现金支出合计				

续表

经营步骤		1Q	2Q	3Q	4Q
期末现金对账(计算余额)					
期末盘点	期末现金对账(填盘面余额)				
	原材料库存(采购经理填写)				
	在制品(生产经理填写)				
	产成品库存(营销经理填写)				

表 11-2　成品估算表

产品	成品库存	预计产出	合计
P1			
P2			
P3			
P4			

表 11-3　第三年广告计划表

产品 市场	P1	P2	P3	P4
本地				
区域				
国内				

表 11-4　第三年订单记录表

编号	产品	市场	数量	单价	金额	账期	成本	毛利	计划交货	计划回款
1										
2										
3										
4										
5										
6										
7										
8										
9										
10										
11										

表 11-5 第三年生产计划表

编号	生产线类型	产品	内容	本年1Q	本年2Q	本年3Q	本年4Q	下年1Q	下年2Q
L1			产出						
			投产						
			原材料需求						
L2			产出						
			投产						
			原材料需求						
L3			产出						
			投产						
			原材料需求						
L4			产出						
			投产						
			原材料需求						
L5			产出						
			投产						
			原材料需求						
L6			产出						
			投产						
			原材料需求						
L7			产出						
			投产						
			原材料需求						
L8			产出						
			投产						
			原材料需求						
当期投产产品合计									

表 11-6 第三年物料采购计划表

原材料种类	内容	本年1Q	本年2Q	本年3Q	本年4Q	下年1Q	下年2Q
R1 原材料	毛需求数						
	库存						
	计划收到		—	—	—	—	—
	净需求						
	提前期	←提前 1 个季度下订单					
	采购计划						

续表

原材料种类	内　容	本年 1Q	本年 2Q	本年 3Q	本年 4Q	下年 1Q	下年 2Q
R2 原材料	毛需求数						
	库存						
	计划收到		—	—	—	—	—
	净需求						
	提前期	←提前 1 个季度下订单					
	采购计划						
R3 原材料	毛需求数						
	库存						
	计划收到			—	—	—	—
	净需求						
	提前期	←提前 2 个季度下订单					
	采购计划						
R4 原材料	毛需求数						
	库存						
	计划收到			—	—	—	—
	净需求						
	提前期	←提前 2 个季度下订单					
	采购计划						
预计当期收到材料数合计							

表 11-7　第三年现金流预算表

经营步骤	第一季度资金收支	第二季度资金收支	第三季度资金收支	第四季度资金收支
期初现金				
支付广告费				
支付税金				
还短期贷款和利息				
现金余额 1				
申请短期贷款(民间融资)				
归还应付款				
应收款收现				
产品研发投资				
买入原材料				
变卖生产线				
投资新生产线				
生产线转产				

续表

经 营 步 骤	第一季度 资金收支	第二季度 资金收支	第三季度 资金收支	第四季度 资金收支
投产费用				
现金余额 2				
按订单交货收现金或罚款				
支付行政管理费				
其他现金收支				
支付利息/还长贷				
申请长期贷款				
支付设备维修费				
支付租金/购买厂房				
新市场开拓				
ISO 资格认证投资				
关账				
现金收入合计				
现金支出合计				
期末现金对账(填余额)				

表 11-8 第三年综合管理费用明细表

项 目	金 额	备 注
管理费		
广告费		
维修费		
租金		
变更费		
市场准入开拓		□区域 □国内 □亚洲 □国际
ISO 资格认证		□ISO 9000 □ ISO 14000
产品研发		P2( ) P3( ) P4( )
合计		

表 11-9 第三年利润表

项 目	符号	年 初	年 末
销售收入	+		
直接成本	−		
毛利	=		
综合费用	−		
折旧前利润	=		

续表

项　　目	符号	年　　初	年　　末
折旧	−		
支付利息前利润	=		
财务收入/支出	+/−		
营业外收入/支出	+/−		
税前利润	=		
所得税	−		
净利润	=		

表 11-10　第三年资产负债表

资　　产		年初	年末	负债+权益		年初	年末
固定资产				负债			
土地和建筑	+			长期负债	+		
机器和设备(含在建工程)	+			短期负债	+		
总固定资产	=			应收款	+		
流动资产				应交税	+		
现金	+			总负债	=		
应收款	+			权益			
在制品	+			股东资本	+		
成品	+			利润留存	+		
原料	+			年度净利润	+		
总流动资产	=			所有者权益	=		
总资产	=			负债+权益	=		

实战经营手册第四年

请按顺序执行下列各项操作。财务经理(助理)在表格中填写现金收支情况，如表 12-1～表 12-10 所示。

表 12-1　第四年经营现金流量表

经营步骤	1Q	2Q	3Q	4Q
新年度规划会议、制订新年度计划				
支付应付税				
投放广告				
参加订货会/登记销售订单				
季初现金盘点(填余额)				
更新短期贷款/还本付息				
申请短期贷款(民间融资)				
更新应收款/归还应付款				
支付并接受已订货物/下原材料订单				
产品研发投资				
更新生产/完工入库				
生产线转产				
变卖生产线				
购买生产线				
开始下一批生产				
按订单交货给客户/交违约金				
支付行政管理费				
支付利息/更新长期贷款				
申请长期贷款				
支付设备维修费				
支付租金/购买厂房				
计提折旧				
新市场开拓/ISO 资格认证投资				
关账				
现金收入合计				
现金支出合计				

续表

经营步骤		1Q	2Q	3Q	4Q
期末现金对账(计算余额)					
期末盘点	期末现金对账(填盘面余额)				
	原材料库存(采购经理填写)				
	在制品(生产经理填写)				
	产成品库存(营销经理填写)				

表 12-2　成品估算表

产品	成品库存	预计产出	合计
P1			
P2			
P3			
P4			

表 12-3　第四年广告计划表

产品 市场	P1	P2	P3	P4
本地				
区域				
国内				
亚洲				

表 12-4　第四年订单记录表

编号	产品	市场	数量	单价	金额	账期	成本	毛利	计划交货	计划回款
1										
2										
3										
4										
5										
6										
7										
8										
9										
10										
11										
12										
13										
14										
15										

表 12-5 第四年生产计划表

编号	生产线类型	产品	内容	本年1Q	本年2Q	本年3Q	本年4Q	下年1Q	下年2Q
L1			产出						
			投产						
			原材料需求						
L2			产出						
			投产						
			原材料需求						
L3			产出						
			投产						
			原材料需求						
L4			产出						
			投产						
			原材料需求						
L5			产出						
			投产						
			原材料需求						
L6			产出						
			投产						
			原材料需求						
L7			产出						
			投产						
			原材料需求						
L8			产出						
			投产						
			原材料需求						
当期投产产品合计									

表 12-6 第四年物料采购计划表

原材料种类	内容	本年1Q	本年2Q	本年3Q	本年4Q	下年1Q	下年2Q
R1原材料	毛需求数						
	库存						
	计划收到		—	—	—	—	—
	净需求						
	提前期	←提前1个季度下订单					
	采购计划						

续表

原材料种类	内　容	本年 1Q	本年 2Q	本年 3Q	本年 4Q	下年 1Q	下年 2Q
R2 原材料	毛需求数						
	库存						
	计划收到		—	—	—	—	—
	净需求						
	提前期	←提前 1 个季度下订单					
	采购计划						
R3 原材料	毛需求数						
	库存						
	计划收到			—	—	—	—
	净需求						
	提前期	←提前 2 个季度下订单					
	采购计划						
R4 原材料	毛需求数						
	库存						
	计划收到			—	—	—	—
	净需求						
	提前期	←提前 2 个季度下订单					
	采购计划						
预计当期收到材料数合计							

表 12-7　第四年现金流预算表

经 营 步 骤	第一季度 资金收支	第二季度 资金收支	第三季度 资金收支	第四季度 资金收支
期初现金				
支付广告费				
支付税金				
还短期贷款和利息				
现金余额 1				
申请短期贷款(民间融资)				
归还应付款				
应收款收现				
产品研发投资				
买入原材料				
变卖生产线				
投资新生产线				
生产线转产				

续表

经营步骤	第一季度 资金收支	第二季度 资金收支	第三季度 资金收支	第四季度 资金收支
投产费用				
现金余额 2				
按订单交货收现金或罚款				
支付行政管理费				
其他现金收支				
支付利息/还长期贷款				
申请长期贷款				
支付设备维修费				
支付租金/购买厂房				
新市场开拓				
ISO 资格认证投资				
关账				
现金收入合计				
现金支出合计				
期末现金对账(填余额)				

表 12-8 第四年综合管理费用明细表

项目	金额	备注
管理费		
广告费		
维修费		
租金		
变更费		
市场准入开拓		□区域 □国内 □亚洲 □国际
ISO 资格认证		□ISO 9000 □ ISO 14000
产品研发		P2( ) P3( ) P4( )
合计		

表 12-9 第四年利润表

项目	符号	年初	年末
销售收入	+		
直接成本	−		
毛利	=		
综合费用	−		
折旧前利润	=		

续表

项　目	符号	年　初	年　末
折旧	－		
支付利息前利润	＝		
财务收入/支出	＋/－		
营业外收入/支出	＋/－		
税前利润	＝		
所得税	－		
净利润	＝		

表 12-10　第四年资产负债表

资　产		年初	年末	负债＋权益		年初	年末
固定资产				负债			
土地和建筑	＋			长期负债	＋		
机器和设备(含在建工程)	＋			短期负债	＋		
总固定资产	＝			应收款	＋		
流动资产				应交税	＋		
现金	＋			总负债	＝		
应收款	＋			权益			
在制品	＋			股东资本	＋		
成品	＋			利润留存	＋		
原料	＋			年度净利润	＋		
总流动资产	＝			所有者权益	＝		
总资产	＝			负债＋权益	＝		

实战经营手册第五年

请按顺序执行下列各项操作。财务经理(助理)在表格中填写现金收支情况,如表 13-1～表 13-10 所示。

表 13-1　第五年经营现金流量表

经营步骤	1Q	2Q	3Q	4Q
新年度规划会议、制订新年度计划				
支付应付税				
投放广告				
参加订货会/登记销售订单				
季初现金盘点(填余额)				
更新短期贷款/还本付息				
申请短期贷款(民间融资)				
更新应收款/归还应付款				
支付并接受已订货物/下原材料订单				
产品研发投资				
更新生产/完工入库				
生产线转产				
变卖生产线				
购买生产线				
开始下一批生产				
按订单交货给客户/交违约金				
支付行政管理费				
支付利息/更新长期贷款				
申请长期贷款				
支付设备维修费				
支付租金/购买厂房				
计提折旧				
新市场开拓/ISO 资格认证投资				
关账				
现金收入合计				
现金支出合计				

续表

经营步骤		1Q	2Q	3Q	4Q
期末现金对账(计算余额)					
期末盘点	期末现金对账(填盘面余额)				
	原材料库存(采购经理填写)				
	在制品(生产经理填写)				
	产成品库存(营销经理填写)				

表 13-2　成品估算表

产品	成品库存	预计产出	合计
P1			
P2			
P3			
P4			

表 13-3　第五年广告计划表

产品 / 市场	P1	P2	P3	P4
本地				
区域				
国内				
亚洲				
国际				

表 13-4　第五年订单记录表

编号	产品	市场	数量	单价	金额	账期	成本	毛利	计划交货	计划回款
1										
2										
3										
4										
5										
6										
7										
8										
9										
10										
11										
12										
13										
14										
15										

表 13-5　第五年生产计划表

编号	生产线类型	产品	内　容	本年1Q	本年2Q	本年3Q	本年4Q	下年1Q	下年2Q
L1			产出						
			投产						
			原材料需求						
L2			产出						
			投产						
			原材料需求						
L3			产出						
			投产						
			原材料需求						
L4			产出						
			投产						
			原材料需求						
L5			产出						
			投产						
			原材料需求						
L6			产出						
			投产						
			原材料需求						
L7			产出						
			投产						
			原材料需求						
L8			产出						
			投产						
			原材料需求						
当期投产产品合计									

表 13-6　第五年物料采购计划表

原材料种类	内　容	本年1Q	本年2Q	本年3Q	本年4Q	下年1Q	下年2Q
R1 原材料	毛需求数						
	库存						
	计划收到		—	—	—	—	—
	净需求						
	提前期	←提前 1 个季度下订单					
	采购计划						

续表

原材料种类	内　容	本年 1Q	本年 2Q	本年 3Q	本年 4Q	下年 1Q	下年 2Q
R2 原材料	毛需求数						
	库存						
	计划收到		—	—	—	—	—
	净需求						
	提前期	←提前 1 个季度下订单					
	采购计划						
R3 原材料	毛需求数						
	库存						
	计划收到			—	—	—	—
	净需求						
	提前期	←提前 2 个季度下订单					
	采购计划						
R4 原材料	毛需求数						
	库存						
	计划收到			—	—	—	—
	净需求						
	提前期	←提前 2 个季度下订单					
	采购计划						
预计当期收到材料数合计							

表 13-7　第五年现金流预算表

经 营 步 骤	第一季度 资金收支	第二季度 资金收支	第三季度 资金收支	第四季度 资金收支
期初现金				
支付广告费				
支付税金				
还短期贷款和利息				
现金余额 1				
申请短期贷款(民间融资)				
归还应付款				
应收款收现				
产品研发投资				
买入原材料				
变卖生产线				
投资新生产线				
生产线转产				

续表

经营步骤	第一季度 资金收支	第二季度 资金收支	第三季度 资金收支	第四季度 资金收支
投产费用				
现金余额 2				
按订单交货收现金或罚款				
支付行政管理费				
其他现金收支				
支付利息/还长期贷款				
申请长期贷款				
支付设备维修费				
支付租金/购买厂房				
新市场开拓				
ISO 资格认证投资				
关账				
现金收入合计				
现金支出合计				
期末现金对账(填余额)				

表 13-8 第五年综合管理费用明细表

项　目	金　额	备　注
管理费		
广告费		
维修费		
租金		
变更费		
市场准入开拓		□区域　□国内　□亚洲　□国际
ISO 资格认证		□ISO 9000　□ ISO 14000
产品研发		P2(　　) P3(　　) P4(　　)
合计		

表 13-9 第五年利润表

项　目	符号	年　初	年　末
销售收入	+		
直接成本	−		
毛利	=		
综合费用	−		
折旧前利润	=		

续表

项　目	符号	年　初	年　末
折旧	－		
支付利息前利润	＝		
财务收入/支出	＋/－		
营业外收入/支出	＋/－		
税前利润	＝		
所得税	－		
净利润	＝		

表 13-10　第五年资产负债表

资　产		年初	年末	负债＋权益		年初	年末
固定资产				负债			
土地和建筑	＋			长期负债	＋		
机器和设备(含在建工程)	＋			短期负债	＋		
总固定资产	＝			应收款	＋		
流动资产				应交税	＋		
现金	＋			总负债	＝		
应收款	＋			权益			
在制品	＋			股东资本	＋		
成品	＋			利润留存	＋		
原料	＋			年度净利润	＋		
总流动资产	＝			所有者权益	＝		
总资产	＝			负债＋权益	＝		

实战经营手册第六年

请按顺序执行下列各项操作。财务经理(助理)在表格中填写现金收支情况,如表 14-1～表 14-10 所示。

表 14-1　第六年经营现金流量表

经 营 步 骤	1Q	2Q	3Q	4Q
新年度规划会议、制订新年度计划				
支付应付税				
投放广告				
参加订货会/登记销售订单				
季初现金盘点(填余额)				
更新短期贷款/还本付息				
申请短期贷款(民间融资)				
更新应收款/归还应付款				
支付并接受已订货物/下原材料订单				
产品研发投资				
更新生产/完工入库				
生产线转产				
变卖生产线				
购买生产线				
开始下一批生产				
按订单交货给客户/交违约金				
支付行政管理费				
支付利息/更新长期贷款				
申请长期贷款				
支付设备维修费				
支付租金/购买厂房				
计提折旧				
新市场开拓/ISO 资格认证投资				
关账				
现金收入合计				
现金支出合计				

续表

经营步骤		1Q	2Q	3Q	4Q
期末现金对账(计算余额)					
期末盘点	期末现金对账(填盘面余额)				
	原材料库存(采购经理填写)				
	在制品(生产经理填写)				
	产成品库存(营销经理填写)				

表 14-2　成品估算表

产品	成品库存	预计产出	合计
P1			
P2			
P3			
P4			

表 14-3　第六年广告计划表

产品 市场	P1	P2	P3	P4
本地				
区域				
国内				
亚洲				
国际				

表 14-4　第六年订单记录表

编号	产品	市场	数量	单价	金额	账期	成本	毛利	计划交货	计划回款
1										
2										
3										
4										
5										
6										
7										
8										
9										
10										
11										
12										
13										
14										
15										

表 14-5　第六年生产计划表

编号	生产线类型	产品	内　容	本年1Q	本年2Q	本年3Q	本年4Q	下年1Q	下年2Q
L1			产出						
			投产						
			原材料需求						
L2			产出						
			投产						
			原材料需求						
L3			产出						
			投产						
			原材料需求						
L4			产出						
			投产						
			原材料需求						
L5			产出						
			投产						
			原材料需求						
L6			产出						
			投产						
			原材料需求						
L7			产出						
			投产						
			原材料需求						
L8			产出						
			投产						
			原材料需求						
当期投产产品合计									

表 14-6　第六年物料采购计划表

原材料种类	内　容	本年1Q	本年2Q	本年3Q	本年4Q	下年1Q	下年2Q
R1 原材料	毛需求数						
	库存						
	计划收到		—	—	—	—	—
	净需求						
	提前期	←提前 1 个季度下订单					
	采购计划						

续表

原材料种类	内　容	本年 1Q	本年 2Q	本年 3Q	本年 4Q	下年 1Q	下年 2Q
R2 原材料	毛需求数						
	库存						
	计划收到		—	—	—	—	—
	净需求						
	提前期	←提前 1 个季度下订单					
	采购计划						
R3 原材料	毛需求数						
	库存						
	计划收到			—	—	—	—
	净需求						
	提前期	←提前 2 个季度下订单					
	采购计划						
R4 原材料	毛需求数						
	库存						
	计划收到			—	—	—	—
	净需求						
	提前期	←提前 2 个季度下订单					
	采购计划						
预计当期收到材料数合计							

表 14-7　第六年现金流预算表

经营步骤	第一季度 资金收支	第二季度 资金收支	第三季度 资金收支	第四季度 资金收支
期初现金				
支付广告费				
支付税金				
还短期贷款和利息				
现金余额 1				
申请短期贷款(民间融资)				
归还应付款				
应收款收现				
产品研发投资				
买入原材料				
变卖生产线				
投资新生产线				
生产线转产				

续表

经营步骤	第一季度 资金收支	第二季度 资金收支	第三季度 资金收支	第四季度 资金收支
投产费用				
现金余额 2				
按订单交货收现金或罚款				
支付行政管理费				
其他现金收支				
支付利息/还长期贷款				
申请长期贷款				
支付设备维修费				
支付租金/购买厂房				
新市场开拓				
ISO 资格认证投资				
关账				
现金收入合计				
现金支出合计				
期末现金对账(填余额)				

表 14-8　第六年综合管理费用明细表

项　　目	金　额	备　　注
管理费		
广告费		
维修费		
租金		
变更费		
市场准入开拓		□区域　□国内　□亚洲　□国际
ISO 资格认证		□ISO 9000　□ ISO 14000
产品研发		P2(　　) P3(　　) P4(　　)
合计		

表 14-9　第六年利润表

项　　目	符号	年　　初	年　　末
销售收入	+		
直接成本	−		
毛利	=		
综合费用	−		
折旧前利润	=		

续表

项目	符号	年初	年末
折旧	－		
支付利息前利润	＝		
财务收入/支出	＋/－		
营业外收入/支出	＋/－		
税前利润	＝		
所得税	－		
净利润	＝		

表 14-10　第六年资产负债表

资产		年初	年末	负债＋权益		年初	年末
固定资产				负债			
土地和建筑	＋			长期负债	＋		
机器和设备(含在建工程)	＋			短期负债	＋		
总固定资产	＝			应收款	＋		
流动资产				应交税	＋		
现金	＋			总负债	＝		
应收款	＋			权益			
在制品	＋			股东资本	＋		
成品	＋			利润留存	＋		
原料	＋			年度净利润	＋		
总流动资产	＝			所有者权益	＝		
总资产	＝			负债＋权益	＝		

实战经营手册第七年

请按顺序执行下列各项操作。财务经理(助理)在表格中填写现金收支情况,如表 15-1～表 15-10 所示。

表 15-1　第七年经营现金流量表

经 营 步 骤	1 Q	2Q	3Q	4Q
新年度规划会议、制订新年度计划				
支付应付税				
投放广告				
参加订货会/登记销售订单				
季初现金盘点(填余额)				
更新短期贷款/还本付息				
申请短期贷款(民间融资)				
更新应收款/归还应付款				
支付并接受已订货物/下原材料订单				
产品研发投资				
更新生产/完工入库				
生产线转产				
变卖生产线				
购买生产线				
开始下一批生产				
按订单交货给客户/交违约金				
支付行政管理费				
支付利息/更新长期贷款				
申请长期贷款				
支付设备维修费				
支付租金/购买厂房				
计提折旧				
新市场开拓/ISO 资格认证投资				
关账				
现金收入合计				
现金支出合计				

续表

经营步骤		1Q	2Q	3Q	4Q
期末现金对账(计算余额)					
期末盘点	期末现金对账(填盘面余额)				
	原材料库存(采购经理填写)				
	在制品(生产经理填写)				
	产成品库存(营销经理填写)				

表 15-2 成品估算表

产品	成品库存	预计产出	合计
P1			
P2			
P3			
P4			

表 15-3 第七年广告计划表

产品 市场	P1	P2	P3	P4
本地				
区域				
国内				
亚洲				
国际				

表 15-4 第七年订单记录表

编号	产品	市场	数量	单价	金额	账期	成本	毛利	计划交货	计划回款
1										
2										
3										
4										
5										
6										
7										
8										
9										
10										
11										
12										
13										

续表

编号	产品	市场	数量	单价	金额	账期	成本	毛利	计划交货	计划回款
14										
15										
16										
17										
18										

表 15-5 第七年生产计划表

编号	生产线类型	产品	内容	本年 1Q	本年 2Q	本年 3Q	本年 4Q	下年 1Q	下年 2Q
L1			产出						
			投产						
			原材料需求						
L2			产出						
			投产						
			原材料需求						
L3			产出						
			投产						
			原材料需求						
L4			产出						
			投产						
			原材料需求						
L5			产出						
			投产						
			原材料需求						
L6			产出						
			投产						
			原材料需求						
L7			产出						
			投产						
			原材料需求						
L8			产出						
			投产						
			原材料需求						
当期投产产品合计									

表 15-6　第七年物料采购计划表

原材料种类	内　容	本年1Q	本年2Q	本年3Q	本年4Q	下年1Q	下年2Q
R1 原材料	毛需求数						
	库存						
	计划收到		—	—	—	—	—
	净需求						
	提前期	←提前 1 个季度下订单					
	采购计划						
R2 原材料	毛需求数						
	库存						
	计划收到		—	—	—	—	—
	净需求						
	提前期	←提前 1 个季度下订单					
	采购计划						
R3 原材料	毛需求数						
	库存						
	计划收到			—	—	—	—
	净需求						
	提前期	←提前 2 个季度下订单					
	采购计划						
R4 原材料	毛需求数						
	库存						
	计划收到			—	—	—	—
	净需求						
	提前期	←提前 2 个季度下订单					
	采购计划						
预计当期收到材料数合计							

表 15-7　第七年现金流预算表

经 营 步 骤	第一季度 资金收支	第二季度 资金收支	第三季度 资金收支	第四季度 资金收支
期初现金				
支付广告费				
支付税金				
还短期贷款和利息				
现金余额 1				
申请短期贷款(民间融资)				
归还应付款				

续表

经营步骤	第一季度 资金收支	第二季度 资金收支	第三季度 资金收支	第四季度 资金收支
应收款收现				
产品研发投资				
买入原材料				
变卖生产线				
投资新生产线				
生产线转产				
投产费用				
现金余额 2				
按订单交货收现金或罚款				
支付行政管理费				
其他现金收支				
支付利息/还长期贷款				
申请长期贷款				
支付设备维修费				
支付租金/购买厂房				
新市场开拓				
ISO资格认证投资				
关账				
现金收入合计				
现金支出合计				
期末现金对账(填余额)				

表 15-8 第七年综合管理费用明细表

项 目	金 额	备 注
管理费		
广告费		
维修费		
租金		
变更费		
市场准入开拓		□区域 □国内 □亚洲 □国际
ISO资格认证		□ISO 9000 □ISO 14000
产品研发		P2( ) P3( ) P4( )
合计		

表 15-9　第七年利润表

项　　目	符号	年　　初	年　　末
销售收入	+		
直接成本	−		
毛利	=		
综合费用	−		
折旧前利润	=		
折旧	−		
支付利息前利润	=		
财务收入/支出	+/−		
营业外收入/支出	+/−		
税前利润	=		
所得税	−		
净利润	=		

表 15-10　第七年资产负债表

资　　产		年初	年末	负债＋权益		年初	年末
固定资产				负债			
土地和建筑	+			长期负债	+		
机器和设备(含在建工程)	+			短期负债	+		
总固定资产	=			应收款	+		
流动资产				应交税	+		
现金	+			总负债	=		
应收款	+			权益			
在制品	+			股东资本	+		
成品	+			利润留存	+		
原料	+			年度净利润	+		
总流动资产	=			所有者权益	=		
总资产	=			负债＋权益	=		

实战经营手册第八年

请按顺序执行下列各项操作。财务经理(助理)在表格中填写现金收支情况。如表 16-1～表 16-10 所示。

表 16-1　第八年经营现金流量表

经营步骤	1Q	2Q	3Q	4Q
新年度规划会议、制订新年度计划				
支付应付税				
投放广告				
参加订货会/登记销售订单				
季初现金盘点(填余额)				
更新短期贷款/还本付息				
申请短期贷款(民间融资)				
更新应收款/归还应付款				
支付并接受已订货物/下原材料订单				
产品研发投资				
更新生产/完工入库				
生产线转产				
变卖生产线				
购买生产线				
开始下一批生产				
按订单交货给客户/交违约金				
支付行政管理费				
支付利息/更新长期贷款				
申请长期贷款				
支付设备维修费				
支付租金/购买厂房				
计提折旧				
新市场开拓/ISO资格认证投资				
关账				
现金收入合计				
现金支出合计				

续表

经营步骤		1Q	2Q	3Q	4Q
期末现金对账(计算余额)					
期末盘点	期末现金对账(填盘面余额)				
	原材料库存(采购经理填写)				
	在制品(生产经理填写)				
	产成品库存(营销经理填写)				

表 16-2 成品估算表

产品	成品库存	预计产出	合计
P1			
P2			
P3			
P4			

表 16-3 第八年广告计划表

市场 \ 产品	P1	P2	P3	P4
本地				
区域				
国内				
亚洲				
国际				

表 16-4 第八年订单记录表

编号	产品	市场	数量	单价	金额	账期	成本	毛利	计划交货	计划回款
1										
2										
3										
4										
5										
6										
7										
8										
9										
10										
11										
12										
13										
14										
15										

表 16-5　第八年生产计划表

编号	生产线类型	产品	内　容	本年1Q	本年2Q	本年3Q	本年4Q	下年1Q	下年2Q
L1			产出						
			投产						
			原材料需求						
L2			产出						
			投产						
			原材料需求						
L3			产出						
			投产						
			原材料需求						
L4			产出						
			投产						
			原材料需求						
L5			产出						
			投产						
			原材料需求						
L6			产出						
			投产						
			原材料需求						
L7			产出						
			投产						
			原材料需求						
L8			产出						
			投产						
			原材料需求						
当期投产产品合计									

表 16-6　第八年物料采购计划表

原材料种类	内　容	本年1Q	本年2Q	本年3Q	本年4Q	下年1Q	下年2Q
R1 原材料	毛需求数						
	库存						
	计划收到		—	—	—	—	—
	净需求						
	提前期	←提前 1 个季度下订单					
	采购计划						

续表

原材料种类	内　容	本年 1Q	本年 2Q	本年 3Q	本年 4Q	下年 1Q	下年 2Q
R2 原材料	毛需求数						
	库存						
	计划收到		—	—	—	—	—
	净需求						
	提前期	←提前 1 个季度下订单					
	采购计划						
R3 原材料	毛需求数						
	库存						
	计划收到			—	—	—	—
	净需求						
	提前期	←提前 2 个季度下订单					
	采购计划						
R4 原材料	毛需求数						
	库存						
	计划收到			—	—	—	—
	净需求						
	提前期	←提前 2 个季度下订单					
	采购计划						
预计当期收到材料数合计							

表 16-7　第八年现金流预算表

经 营 步 骤	第一季度 资金收支	第二季度 资金收支	第三季度 资金收支	第四季度 资金收支
期初现金				
支付广告费				
支付税金				
还短期贷款和利息				
现金余额 1				
申请短期贷款(民间融资)				
归还应付款				
应收款收现				
产品研发投资				
买入原材料				
变卖生产线				
投资新生产线				
生产线转产				

续表

经营步骤	第一季度 资金收支	第二季度 资金收支	第三季度 资金收支	第四季度 资金收支
投产费用				
现金余额 2				
按订单交货收现金或罚款				
支付行政管理费				
其他现金收支				
支付利息/还长期贷款				
申请长期贷款				
支付设备维修费				
支付租金/购买厂房				
新市场开拓				
ISO 资格认证投资				
关账				
现金收入合计				
现金支出合计				
期末现金对账(填余额)				

表 16-8 第八年综合管理费用明细表

项　目	金　额	备　注
管理费		
广告费		
维修费		
租金		
变更费		
市场准入开拓		□区域　□国内　□亚洲　□国际
ISO 资格认证		□ISO 9000　□ ISO 14000
产品研发		P2(　　) P3(　　) P4(　　)
合计		

表 16-9 第八年利润表

项　目	符号	年　初	年　末
销售收入	+		
直接成本	−		
毛利	=		
综合费用	−		
折旧前利润	=		
折旧	−		

续表

项　　目	符号	年　初	年　末
支付利息前利润	＝		
财务收入/支出	＋/－		
营业外收入/支出	＋/－		
税前利润	＝		
所得税	－		
净利润	＝		

表 16-10　第八年资产负债表

资　　产		年初	年末	负债＋权益		年初	年末
固定资产				负债			
土地和建筑	＋			长期负债	＋		
机器和设备(含在建工程)	＋			短期负债	＋		
总固定资产	＝			应收款	＋		
流动资产				应交税	＋		
现金	＋			总负债	＝		
应收款	＋			权益			
在制品	＋			股东资本	＋		
成品	＋			利润留存	＋		
原料	＋			年度净利润	＋		
总流动资产	＝			所有者权益	＝		
总资产	＝			负债＋权益	＝		

实训总结图表

实训总结图表如表 17-1 和表 17-2 所示。请用“Print Screen”键把最后一年的盘面截图并粘贴到 Word 文档,打印后裁剪,并粘贴到本页。

操作步骤:

(1) 先新建一个 Word 文档。

(2) 打开最后一年的沙盘界面,按“Print Screen”键(在 F12 键旁边)。

(3) 将沙盘盘面最小化,把鼠标定位在 Word 文档,单击鼠标右键,选择“粘贴”按钮。

(4) 打开沙盘最后一年界面,单击“关账”按钮,弹出有分数、利润表和资产负债表的界面,重复第(2)~(3)步骤,把分数盘面粘贴到 Word 文档的页面上。

(5) 打印并裁剪后用胶水粘贴到本页。

表 17-1 最后一年盘面

粘贴处	

表 17-2　企业经营管理沙盘实训总结

（　　～　　学年第　　学期）

专业		班级		组别	
教学地点		教学周		任课教师	
岗位	姓名	学号	岗位	姓名	学号

公司总结（如企业战略、经营计划与实施情况，遇到的问题和解决方法等，不少于 300 字）

总经理（从岗位职责、收获等方面总结，不少于 100 字）

财务部（从岗位职责、收获等方面总结，不少于 100 字）

续表

生产部（从岗位职责、收获等方面总结，不少于 100 字）
营销部（从岗位职责、收获等方面总结，不少于 100 字）
采购部（从岗位职责、收获等方面总结，不少于 100 字）
教师评分： 评分人：　　　　　年　月　日

参考文献

[1] 邓文博，陈御钗. ITMC企业经营决策沙盘模拟实训教程[M]. 北京：中国水利水电出版社，2013.

[2] 陈冰. 企业经营决策沙盘实战教程[M]. 北京：高等教育出版社，2012.

[3] 邓文博，曾苑. 企业经营管理沙盘模拟实训教程——基于ITMC电子与物理沙盘系统的做学教一体化教程[M]. 2版. 北京：化学工业出版社，2016.

[4] 叶剑明. ERP沙盘模拟实战[M]. 北京：中国财政经济出版社，2011.

附录一　市场预测图表

以下为一家权威市场调研机构对未来八年各个市场的需求进行的预测。

P1 产品是目前市场的主流。但该产品在各个市场上的技术更新很快。

P2、P3、P4 都是在 P1 产品基础上发展起来的新技术产品。其中，P2 作为对 P1 的局部技术改良产品，比较容易得到顾客的认同。

P3、P4 是高端技术产品，各个市场有不同的认知度，需求量和价格也有较大的差异。

市场需求将会持续发展，客户对低端产品的需求可能要下滑。伴随着需求的减少，低端产品的价格很有可能会逐步走低。随后几年，随着高端产品的成熟，市场对 P2、P3 产品的需求将会逐渐增大。同时随着时间的推移，客户的质量意识将不断提高，后期可能会对厂商是否通过了 ISO 9000 认证和 ISO 14000 认证有更多的要求。

一、10 组预测图

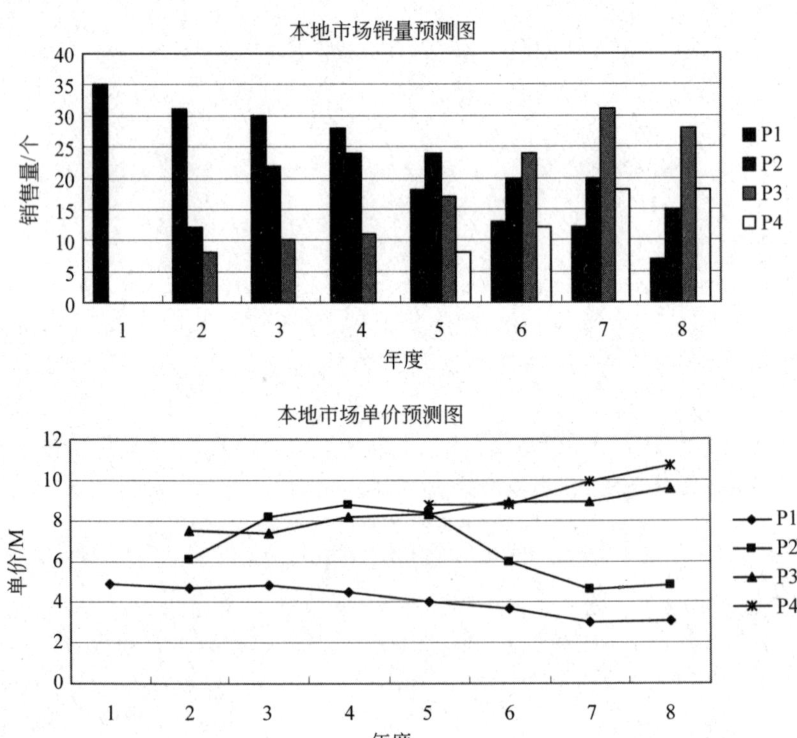

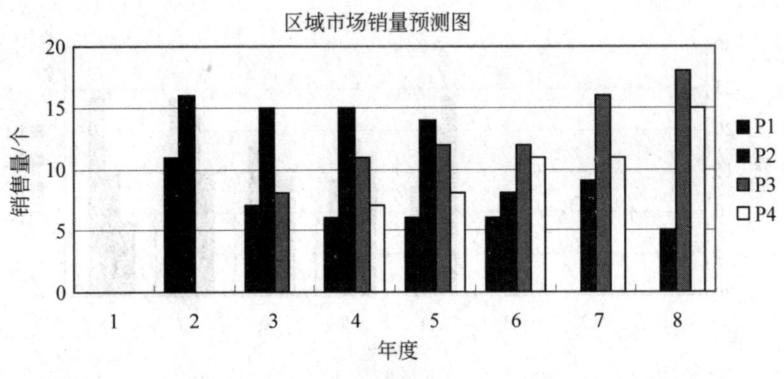
区域市场销量预测图
20
15
10
5
0
销售量/个
1 2 3 4 5 6 7 8
年度
P1
P2
P3
P4

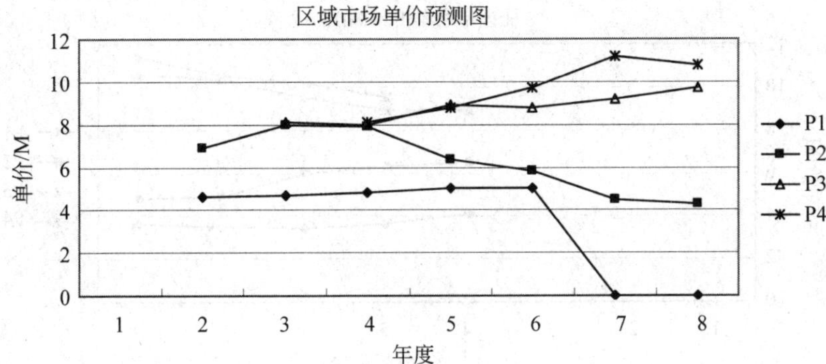
区域市场单价预测图
12
10
8
6
4
2
0
单价/M
1 2 3 4 5 6 7 8
年度
P1
P2
P3
P4

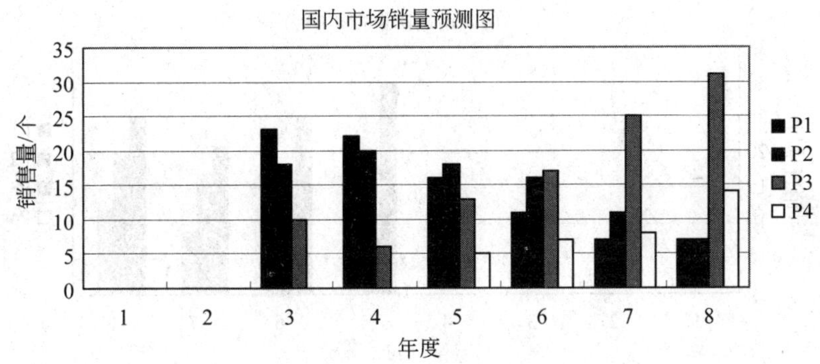
国内市场销量预测图
35
30
25
20
15
10
5
0
销售量/个
1 2 3 4 5 6 7 8
年度
P1
P2
P3
P4

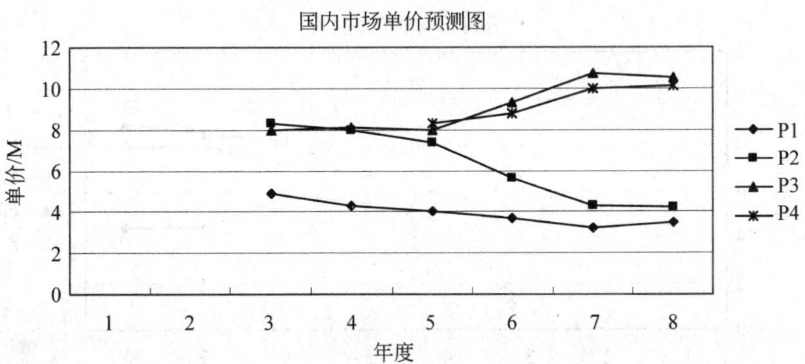
国内市场单价预测图
12
10
8
6
4
2
0
单价/M
1 2 3 4 5 6 7 8
年度
P1
P2
P3
P4

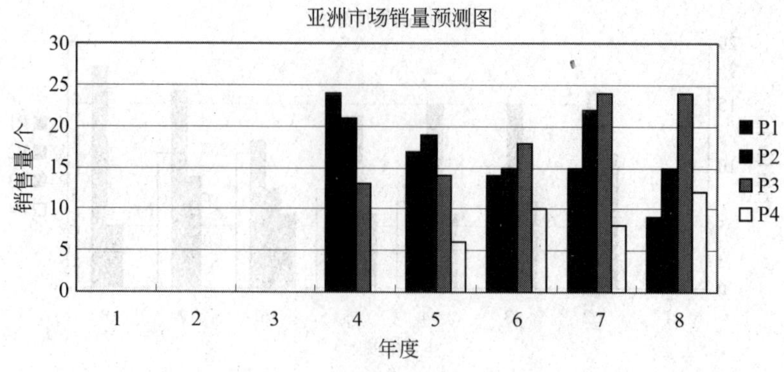
亚洲市场销量预测图
30
25
20
15
10
5
0
销售量/个
1
2
3
4
5
6
7
8
年度
P1
P2
P3
P4

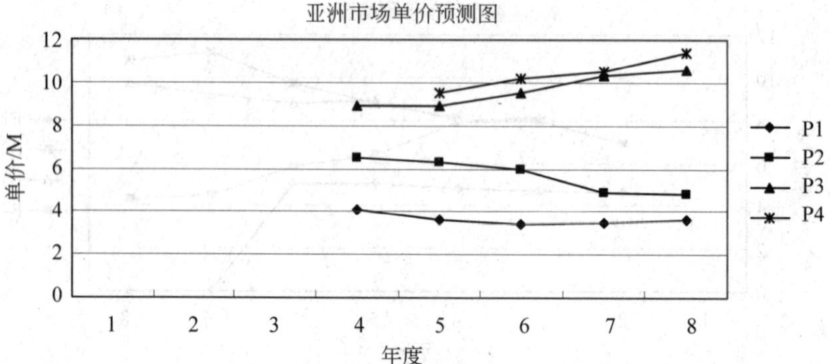
亚洲市场单价预测图
12
10
8
6
4
2
0
单价/M
1
2
3
4
5
6
7
8
年度
P1
P2
P3
P4

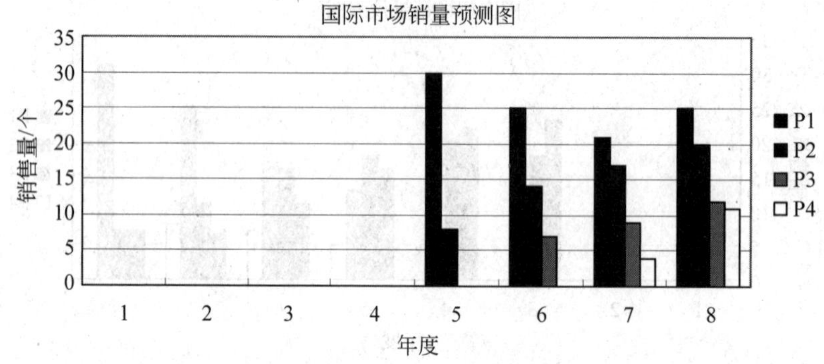
国际市场销量预测图
35
30
25
20
15
10
5
0
销售量/个
1
2
3
4
5
6
7
8
年度
P1
P2
P3
P4

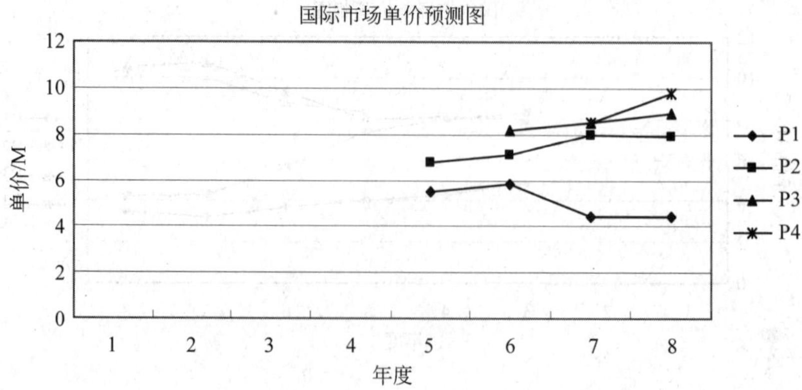
国际市场单价预测图
12
10
8
6
4
2
0
单价/M
1
2
3
4
5
6
7
8
年度
P1
P2
P3
P4

二、12 组订单

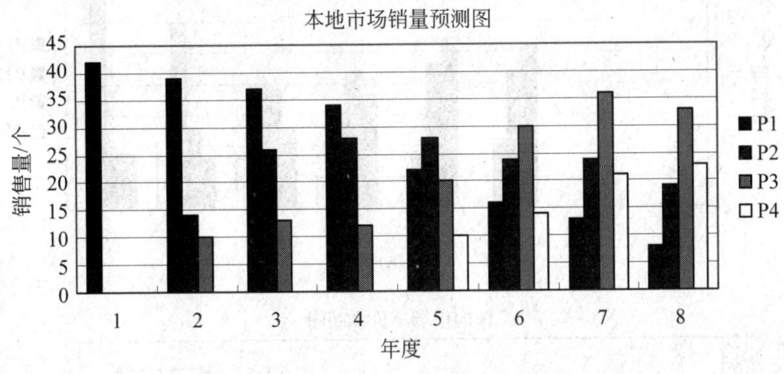
本地市场销量预测图
销售量/个
45
40
35
30
25
20
15
10
5
0
1
2
3
4
5
6
7
8
年度
P1
P2
P3
P4

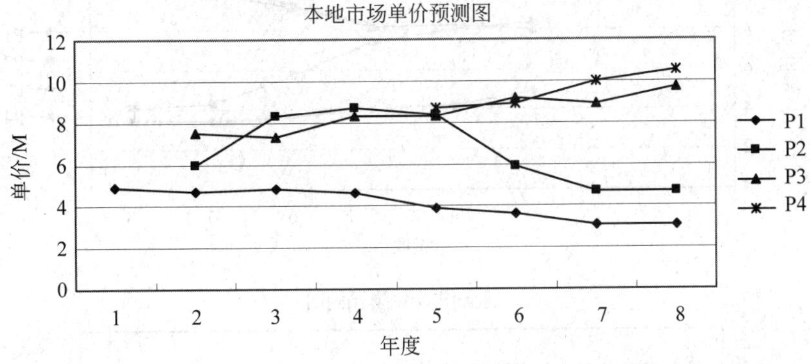
本地市场单价预测图
单价/M
12
10
8
6
4
2
0
1
2
3
4
5
6
7
8
年度
P1
P2
P3
P4

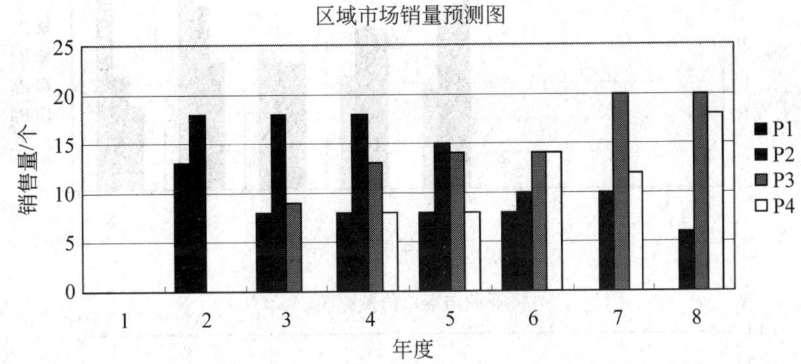
区域市场销量预测图
销售量/个
25
20
15
10
5
0
1
2
3
4
5
6
7
8
年度
P1
P2
P3
P4

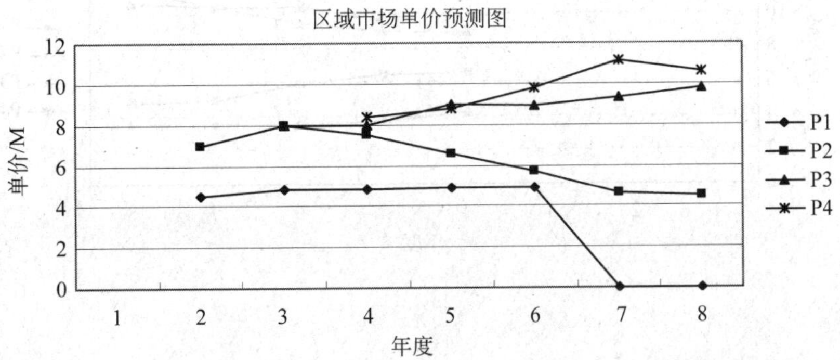
区域市场单价预测图
单价/M
12
10
8
6
4
2
0
1
2
3
4
5
6
7
8
年度
P1
P2
P3
P4

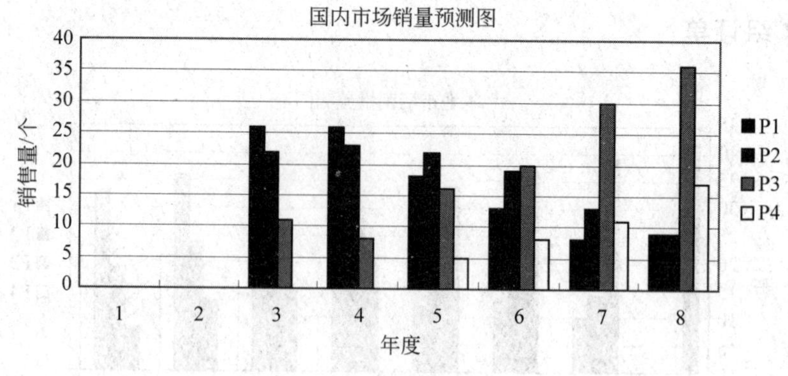
国内市场销量预测图
销售量/个
40
35
30
25
20
15
10
5
0
1
2
3
4
5
6
7
8
年度
P1
P2
P3
P4

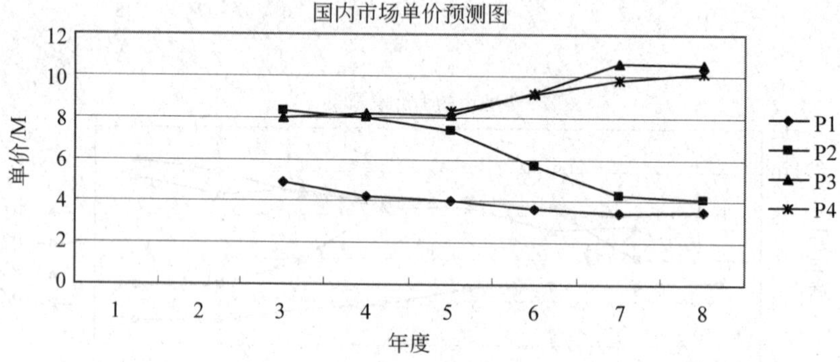
国内市场单价预测图
单价/M
12
10
8
6
4
2
0
1
2
3
4
5
6
7
8
年度
P1
P2
P3
P4

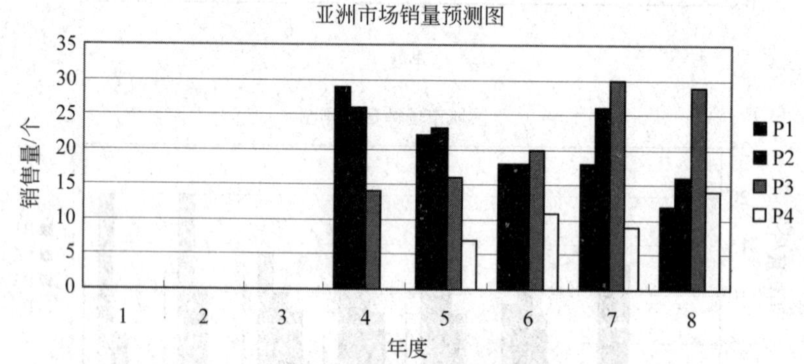
亚洲市场销量预测图
销售量/个
35
30
25
20
15
10
5
0
1
2
3
4
5
6
7
8
年度
P1
P2
P3
P4

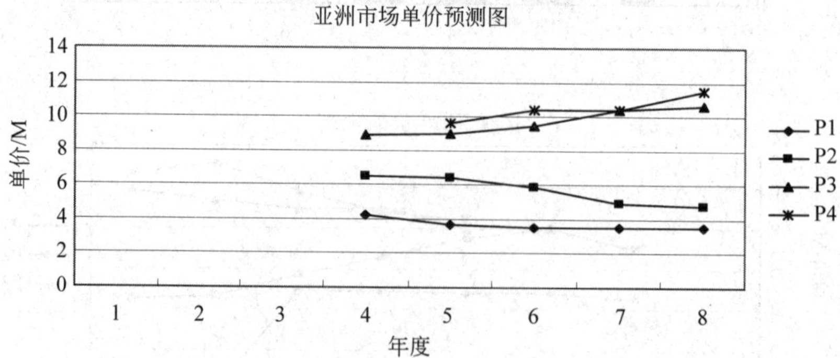
亚洲市场单价预测图
单价/M
14
12
10
8
6
4
2
0
1
2
3
4
5
6
7
8
年度
P1
P2
P3
P4

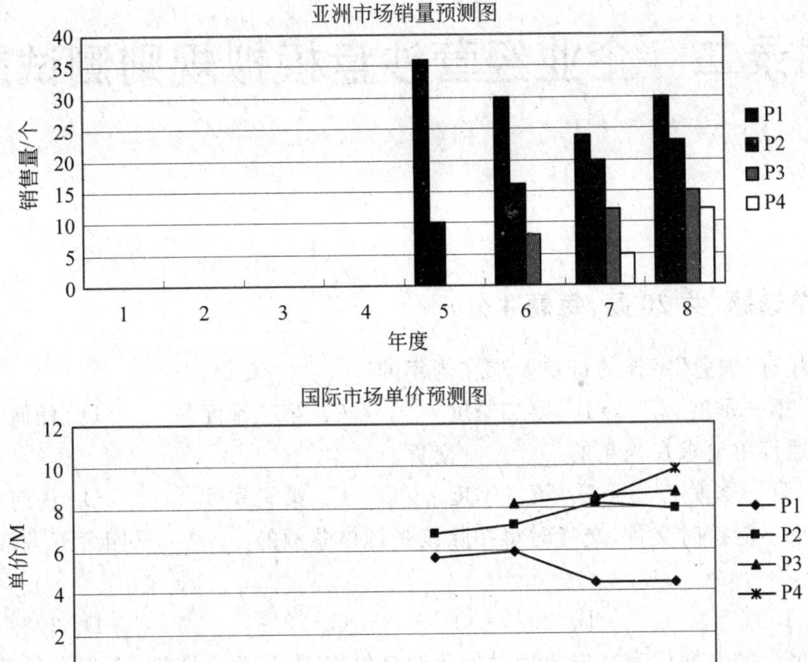
亚洲市场销量预测图
销售量/个
40
35
30
25
20
15
10
5
0
1
2
3
4
5
6
7
8
年度
P1
P2
P3
P4
国际市场单价预测图
单价/M
12
10
8
6
4
2
0
1
2
3
4
5
6
7
8
年度
P1
P2
P3
P4

附录二　企业经营沙盘模拟规则测试题

一、单选题(共 20 题,每题 4 分)

1. 标注有“加急”字样的订单要求在当年的________交货。

A. 第一季度　　B. 第二季度　　C. 第三季度　　D. 任何一个季度

2. 普通订单要求在当年的________交货。

A. 第一季度　　B. 第二季度　　C. 第三季度　　D. 任何一个季度

3. 如果不能按时交货,交货时将扣除该张订单总额的________(四舍五入取整)作为违约金。

A. 15%　　B. 20%　　C. 25%　　D. 30%

4. 订单上的账期代表客户收货时货款的交付方式,若为 0 账期,则现金付款;若为 4 账期,代表客户________个季度后才能付款。

A. 0　　B. 4

C. 任何一个　　D. 以上答案都不正确

5. 市场开拓在每年的年末进行,每年只能进行一次,每次投入________,________加速开拓。

A. 1M,能　　B. 1M,不能　　C. 2M,能　　D. 2M,不能

6. 原材料可以批量采购,如果是 5 个以下,则是现金支付;如果是 11~15 个,则可以________个账期后支付。

A. 1　　B. 2　　C. 3　　D. 4

7. 原料采购必须要有采购提前期,R1、R2 原料需要________个季度的采购提前期,R3、R4 需要________个季度的采购提前期。

A. 1,2　　B. 2,1　　C. 0,1　　D. 1,0

8. 全自动生产线需要________个安装周期。

A. 1Q　　B. 2Q　　C. 3Q　　D. 4Q

9. 手工生产线出售残值为________。

A. 1M　　B. 2M　　C. 3M　　D. 4M

10. 半自动生产线出售残值为________。

A. 1M　　B. 2M　　C. 3M　　D. 4M

11. 半自动生产线的变更周期为________;全自动生产线的变更周期为________。

A. 1Q,2Q　　B. 2Q,2Q　　C. 2Q,1Q　　D. 1Q,1Q

12. 生产不同的产品需要的原料不同,P3 所用到的原料及数量为________。

A. 1 个 R1 和 1 个 R2　　B. 2 个 R1 和 1 个 R2

C. 2个R2和2个R3　　D. 2个R2和1个R3

13. P4所用到的原料及数量为________。

A. 1个R2、1个R3和1个R4　　B. 2个R2、1个R3和2个R4

C. 1个R2、1个R3和2个R4　　D. 2个R2、1个R3和1个R4

14. 产品上线时需要支付加工费，半自动线在生产P1、P2、P3、P4这四种产品的加工费分别是________。

A. 1M、2M、3M、4M　　B. 2M、1M、2M、1M

C. 2M、2M、1M、1M　　D. 1M、1M、2M、2M

15. 每条生产线每年需付________的维修费。

A. 1M　　B. 2M　　C. 3M　　D. 4M

16. 支付税金时，先弥补前5年的亏损，然后按照税前利润乘以________，按四舍五入取整。

A. 15%　　B. 20%　　C. 25%　　D. 30%

17. 长期贷款的还款规则是每年付息，到期还本，年利率为________。

A. 15%　　B. 5%　　C. 10%　　D. 20%

18. 厂房出售后，不能立刻收到现金，而是产生________个季度的应收账款。

A. 1　　B. 2　　C. 3　　D. 4

19. 贴现时按7的倍数取应收账款，其中________需要支付贴现费用。

A. 1/7　　B. 2/7　　C. 3/7　　D. 4/7

20. 如果民间融资20M，到期时，还本付息共________。

A. 21　　B. 22　　C. 23　　D. 24

二、判断题（共10题，每题2分）

1. 如果订单上标注了“ISO 9000”或“ISO 14000”，那么生产单位必须取得了相应认证，才能得到这张订单。（　）

2. 市场开拓需要每年连续投入。（　）

3. 可以同时研发所有的产品，但不可以选择部分产品进行研发，也不能加速研发。（　）

4. 若某个市场在开拓中，但还没完全开拓完，不可以在下一年度里参与该市场的竞单。（　）

5. 生产线购买采用一次性付款的方式。（　）

6. 短期贷款如果到期后，需要归还本金，并支付利息，利率为5%。（　）

7. 当年新安装的生产线也计提折旧。（　）

8. 折旧＝设备价值/3，向下取整，当设备价值下降至3M时，每年折旧1M。（　）

9. 每个季度必须缴纳1M的行政管理费。（　）

10. 无论短期贷款、长期贷款还是民间融资，均以10M为最低基本贷款单位。（　）

附录三　企业经营沙盘教学建议

企业经营沙盘模拟训练课程的学时一般在 28～36 学时，如果基于手工沙盘进行训练，由于学员一开始就需要编制各种报表，进度非常慢，往往整个课程只经营了一轮六个年度，在经营过程中学习和体验的管理方法和策略难以得到运用，很多学员总希望再来一遍。经过多年的教学探索，建议在 ITMC 企业经营沙盘系统下，可以进行两轮企业经营沙盘推演：第一轮同时用电子沙盘和手工沙盘推演 4～6 年，每一年循序渐进讲解各种计划和报表的编制，系统可以设置竞赛模式，向学员公布报表，在学员经营的体验和总结中，引出经营策略和分析工具，本轮经营以体验和训练为主；第二轮只用电子沙盘推演 6～8 年，本轮推演是运用第一轮推演中学到的方法、策略和工具，建议采用教学模式，不公开报表，要求每年年初学员先制订计划再经营，经营结束后，需要编制财务报表。具体教学进度建议见下表。

教学进程表

年份	内　容	学时	学员工作	教师工作	重点岗位
准备年和初始年	企业经营沙盘课程概述	0.5	听讲	讲授	全部成员
	组建团队并进行分工	1.5	分组、讨论、沟通、分工、团队展示	巡回指导	全部成员
	设置初始状态	0.5	根据电子沙盘盘面，将相应道具摆放到手工沙盘盘面	讲解道具并初始化第 0 年	全部成员
	初始年经营和规则讲解 建议设置“教学”模式	3.5	按流程进行初始年经营，每一步骤操作前，先单击电子沙盘规则，阅读、熟悉规则，并完成教程中规则训练表。课后进行规则测试	引导和适当讲解、分发道具	全部成员
学时小计		6			
训练第一年	分析市场预测图	1	根据市场预测图填写市场分析表，包括每个市场 1～6 年的需求数量、单价和毛利	巡回指导	全部成员
	投放广告、竞单	0.5	制订第一年广告计划和选单	操作电子沙盘	全部成员
	投放广告策略和选单策略	0.5	根据第一年广告和选单情况总结经验，课后阅读教材	根据广告和竞单简要讲解	营销经理 生产经理
	进行第一年经营	1		巡回指导和分发道具，小结	全部成员
	竞争对手分析		利用课间进行对手情况分析		全部成员

续表

年份	内　容	学时	学 员 工 作	教 师 工 作	重点岗位
训练第二年	投放广告、竞单	0.5	制订第二年广告计划和选单	操作电子沙盘	营销经理
	编制生产计划	1	根据订单制订生产计划	先讲授，后指导	生产经理
	进行第二年经营	1	按流程和生产经营	巡回指导和分发道具，小结	全部成员
	市场开拓策略、产品开发策略、产销平衡分析	0.5	根据教师讲授总结经验，课后阅读教材	简要讲授	营销经理 生产经理
训练第三年	投放广告、竞单	0.5	制订第三年广告计划和选单	操作电子沙盘	营销经理
	编制生产计划、采购计划	1	根据订单制订生产计划、采购计划	先讲授，后指导	生产经理 采购经理
	进行第三年经营，编制利润表	1	按流程和生产经营经营，按照经营成果编制利润表	巡回指导和分发道具，小结	全部成员
	固定资产投资策略、盈亏平衡分析	0.5	根据教师讲授总结经验，课后阅读教材	简要讲授	总经理 生产经理 营销经理
训练第四年	投放广告、竞单	0.5	制订第四年广告计划和选单	操作电子沙盘	营销经理
	编制生产计划、采购计划和财务预算	1	根据订单制订生产计划、采购计划和财务预算	先讲授，后指导	生产经理 采购经理 财务经理
	进行第四年经营，编制利润表和资产负债表	1	按流程和生产经营，按照经营成果编制利润表和资产负债表	巡回指导和分发道具，小结	全部成员
	融资策略	0.5	根据教师讲授总结经验，课后阅读教材	简要讲授	总经理 生产经理 营销经理
训练第五年	投放广告、竞单	0.5	制订第五年广告计划和选单	操作电子沙盘	营销经理
	编制生产计划、采购计划和财务预算	1	根据订单制订生产计划、采购计划和财务预算，预估利润和权益，预算下一年	先讲授，后指导	生产经理 采购经理 财务经理
	进行第五年经营，编制利润表和资产负债表	1	按流程和生产经营经营，按照经营成果编制利润表和资产负债表	巡回指导和分发道具，小结	全部成员
	柔性线管理策略、成本核算分析	0.5	根据教师讲授总结经验，课后阅读教材	简要讲授	全部成员
训练第六年	投放广告、竞单	0.5	制订第六年广告计划和选单	操作电子沙盘	营销经理
	编制生产计划、采购计划和财务预算	1	根据订单制订生产计划、采购计划和财务预算，调整采购和交货顺序优化财务预算	先讲授，后指导	生产经理 采购经理 财务经理
	进行第六年经营，编制利润表和资产负债表	1	按流程和生产经营经营，按照经营成果编制利润表和资产负债表	巡回指导和分发道具，小结	全部成员
	企业总体战略	0.5	根据教师讲授总结经验，课后阅读教材	简要讲授	全部成员

续表

年份	内　　容	学时	学 员 工 作	教师工作	重点岗位
学时小计		18	注：学时不足的，可以训练四年，后两年内容要求学生自学		
实战经营6～8年，建议仅采用电子沙盘		8～12	学生运用第一轮的方法和策略经营模拟企业，要求每年度先做好全部计划再经营，年末要做好财务报表	巡回指导	全部成员

核心岗位应重点掌握的方法、策略和工具见下表所示。

核心岗位应重点掌握的方法、策略和工具

核心岗位	重点掌握本岗位的方法、策略和工具	重点掌握相关岗位的方法、策略和工具
总经理	运用企业战略、制定企业中长期规划、竞争对手分析、产销平衡分析、盈亏平衡分析	其他方法、策略和工具
财务经理	财务预算、编制利润表、编制资产负债表、融资策略	成本核算分析、固定资产投资策略、生产计划、采购计划等
生产经理(含采购经理)	生产计划、采购计划、固定资产投资策略、开发产品策略、柔性生产的库存管理策略、产销平衡策略	市场环境、竞争对手分析、财务预算、运营企业战略等
营销经理	分析市场环境、投放广告策略、订单选择策略、开拓市场策略、竞争对手分析、产销平衡策略	生产计划、开发产品策略、财务预算、运营企业战略等